「いのちの言葉」II

―諦めない、くじけない、愛の道

浅川勇男

View P BOOKS

はじめに

2020年、世界は突如として、ウイルスとの闘いに放り込まれた。中国・武漢で発生した新型コロナウイルスが、人々の予想に反してパンデミック（感染爆発）を引き起こしたのだ。

道行く人の様相は一変した。ほぼ全ての人がマスクを着用するようになった。ウイルスを吸い込まないためである。このウイルスの感染経路は、口から発する飛沫感染、人と人が接触する接触感染がある。そのため、常時手で触れた箇所を消毒する必要がある。ただこれ以外の感染経路があるらしく、現時点（2020年3月）では不明な部分が多い。

ところで、人類歴史上、幾多のウイルスとの闘いがあったが、歴史の表舞台には現れないもう一つのウイルスがあることを御存じだろうか？　すでに多くの人類が感染しており、歴史の中で猛威を振るってきたのだ。その名を「不幸ウイルス」という。

超マイクロサイズなので、もちろん目には見えない。このウイルスは、人の〝心に〟感染して、その機能をマヒさせるのである。

人の心が本来求めるのは、感謝、喜び、愛の実践、生きる意欲などだが、その本来の欲求をマヒさせて、不平不満、憎しみ、怨み、血気怒気をもたらし、結果として不幸に誘導するのである。

体が健康であっても、ひとたび不幸ウイルスに侵されると、夫婦、親子、嫁姑など家族に亀裂が生じ、悲惨な結末を迎える。ひいては国と国とに摩擦と対立を生じさせ、ついには戦争へと至らしめる。

その原因の多くは言葉による感染である。言葉は言霊《ことだま》とも言い、語った人の情念が込められている。病原ウイルスは目、鼻、口を介して人の粘膜から体に入るが、不幸ウイルスは、言葉を通じて、耳から心に侵入するのである。ゆえに、心に強力な免疫力、抵抗力をつけないかぎり、このウイルスに侵されて犠牲者となってしまう。

この不幸ウイルスに抵抗する強力なパワーをもっているのが、〝平和を愛する世界人〟文鮮明先生とその奥様である〝平和の母〟韓鶴子女史なのだ。

お二人の口から発せられる真の愛の言葉、いのちの言葉が、人間に不幸をもたらす悪性ウイルスをカットし、心の抵抗力を強めて感染から守る。読む人、聞く人、書く人に不幸ウイルスに打ち克つ強力な力を与えてくれるのだ。

〝平和の母〟韓鶴子女史は語られている。

「持てるものをすべて与えても惜しくないという心で、隣人のために献身的に尽くさなければなりません。そうするとき、真の喜びが訪れるのです。」（韓鶴子著『人類の涙をぬぐう　平和の母』光言社、２４５ページ）

目次●「いのちの言葉」Ⅱ—諦めない、くじけない、愛の道

目次

目次

●感　謝

第二章　自叙伝書写体験談…99

第三章 感動偉人伝 ～受け継ぐべきもの…139

挿絵 ── 原田和俊

第一章

人生を輝かす「いのちの言葉」

1 夫婦の笑い声は最高のメロディ

◎幸福招く言葉の王様は笑い声

あなたの好きな音の調べはなんですか。中島みゆきの「糸」ですか？　それともＡＫＢ48の「365日の紙飛行機」（ＮＨＫ朝ドラ「あさが来た」テーマソング）ですか？

小川のせせらぎ、小鳥のさえずり、ですか？　それともクラシック音楽？　オーケストラの壮大な交響曲？　ならば、楽聖ベートーベンの第九「歓喜の歌」でしょう？

では、神様が喜ばれる音楽ってなんでしょうか？　神様は天運の元締めです。神様が喜ばれれば天運が直下型であなたの家庭に舞い降りるでしょう。では、神様の心を引き寄せる魅力的な調べはなんでしょうか？

文鮮明先生は「夫婦の笑い声」だと言われます。

「笑って、また笑って、笑いながら喜ぶ新郎新婦の笑い声は、世の中の最高のメロディに聞こえるのです。神様の耳に最高のメロディは、ベートーベンの交響曲第九番ではありません。男性と女性が喜ぶ、夫婦の笑い声が、神様にとって最高のメロディです。」（文鮮明先生のみ言葉集『天運を呼ぶ生活』光言社、22ページ　以下は『天運を呼ぶ生活』）また、「神様は笑い声を好まれます。」（同、17ページ）とも言われています。

どうやら神様は、人間のつくった音楽作品よりも、自然のかもしだす音響よりも、夫婦の笑い声がお好きなようです。なぜなら、人が夫婦となり、幸せな家庭をつくって喜ぶことを望んでいるからです。神様も幸福な夫婦、家族とともに喜ばれるからです。

親が、息子夫婦家族の幸せのためなら何でもしてあげたくなるように、神様もそうなのです。そういえば、日本神話にも笑い声が世の中を明るくしたという話がありましたね。天照大御神が弟のスサノオノミコトの乱暴狼藉《ろうぜき》に耐えかねて、天岩戸に閉じこもってしまい、世の中が真っ暗になってしまったとき、困りはてた神々が集まって、岩戸の前で、「アハハ、オホホ」と笑って宴会をもよおしました。皆の笑い声を怪訝《けげん》に思った天照大御神が少し岩戸を開いた瞬間、大相撲の琴奨菊のような力持ちによって岩戸が完全に押し開かれ、世界が明るくなったという話でした。

私たちの生活には笑えなくなるほど切ないこと、つらいことは沢山あります。病気や事故、貧しさなど不幸が間断なく襲っています。天照大御神でなくても、岩戸に閉じこもりたくなります。不幸になるたびに夫婦で落ち込み、泣き言、愚痴を言いあっていたらどうでしょう。ますます、不幸の淵に落ちこんでいくのではないでしょうか。

愚痴、泣き言、悪口を聞いて気分が良くなる人がいるでしょうか？　神様が聞いて気分爽快になるでしょうか？　音には波動があります。嫌な言葉には嫌な波動、素敵な言葉には素敵な波動、暗い言葉には陰鬱《いんうつ》な波動、明るい言葉には輝く波動があります。

幸福な人は世の中を喜ばせる言葉の波動を送り、自分の魂をアップさせる良い言葉の波動を沢山受ける人です。

ある耳の悪い婦人がいました。左耳が聞こえず、右耳も難聴で少ししか聞こえません。自分の境遇を嘆き、毎日友達に愚痴や泣き言ばかりを言っていたそうです。沢山いた友達は次第にいなくなり、ついに誰も寄りつかなくなってしまいました。しかし、その婦人は人から嫌われる原因がわからなかったのです。

ある日、精巧な補聴器をつけてびっくりしたそうです。自分の口から出る愚痴や泣き言などの嫌な言葉をはじめて自分で聴いたからです。友達がなぜ去っていったのか、ようやくわかったのです。そして、最初に愚痴を聞いていたのは自分の「耳」だった、ことに気づいたそうです。「私の耳は嫌な言葉を誰よりも最初に聞いていたんだ。耳は聴きたくなくてもふさぐことができないんだね。耳さん、ごめんなさい」と涙してあやまったそうです。そして、耳の喜ぶ希望の言葉、人の喜ぶ爽やかな言葉のみを話すことにしたそうです。そうしたら、友達が寄ってきて前よりすばらしい人間関係が築けたそうです。まさに「耳よりな話」ですね。

幸福を招く言葉の王様は、笑い声なのです。それも夫婦の幸せな笑い声なのです。

2 行くのも来るのも永遠に一緒でありたい

◎夫婦愛は無期限天国パスポート

70歳を超えた夫婦がいた。夫は妻に何年ぶりかの韓国旅行を勧める。日頃の感謝の意を込めて企画したもので、妻は大いに喜んだ。しかし心配なのは、歳をとって忘れっぽくなっていることだ。そのため夫婦は入念に準備した。まず一番大切なパスポートに、航空券の手配。羽田空港への時間と交通ルートを確認し、大雨など最悪の事態を想定して計画を練りに練った。自宅からのバスや電車の発車時刻などを、妻は駅員に、夫はバス係員に確認した。自宅から徒歩で予行演習までした。また、妻は行動予定を漫画入りで作成した。夫が感動して「見事だ。お前は絵がうまいなあ」と叫べば、「それほどでもないわよ」と妻は照れる。傍から見れば、バカバカしくなるほど幼稚な光景なのだが、本人たちは真剣そのものなのだ。

夫は妻が可愛くてたまらず、旅行中に拉致されることを心配して、小型の警報器を妻に取り付け、血液型、住所、電話番号入りのワッペンまで貼り付けた。まるで戦時中である。衣類は寒さ暑さ、オールシーズンに対応できる万全の準備を整えた結果、妻は巨大トランクにバッグ、リュックを背負う避難民のような姿になった。

当日、早朝出発。徒歩で20分程歩いて駅に到着し、夫婦は手を振って別れた。予定よりも1時間も早く空港に着いた。すべて順調だった。

妻は、喜び勇んで空港カウンターに航空券とパスポートを出した。係員はしばらく見ていたが、申し訳なさそうに言った。

「申し訳ありませんが、飛行機には乗れません」

妻は仰天して叫んだ。

「ええ!? なぜですか。３か月も前から準備してきたんですよ」

係員は答えた。

「パスポート期限が切れているんです。３か月前から」

妻は血の気を失って立ちすくんだ。夫の呆れ返った顔が目に浮かぶ。

「どうしてそんな当たり前のチェックができなかったんだ。今度行くにしてもどうやって飛行機代を工面するんだ…」

妻は苦悶しつつ夫にメールを入れた。

「パスポート期限が切れていて飛行機に乗れなかった。ごめんなさい」

電車で帰ろうかとも思ったが、発車寸前だった空港バスに飛び乗った。

やがて、懐かしいバス停が見えてきた。するとそこに、愛の電線を抱いて千年万年待ち続ける電信柱のごとく、夫が直立不動で立っているではないか。いつ帰ってくるやも知れぬ妻を待っていたのである。

妻は夫の愛を感じて、飛行機代の懸念は瞬時に溶けて消えた。そして、旅行から帰ってきたかのごとく歓喜が湧いてきたのである。夫は苦笑いしてこう言った。

「今日は二度も会えてよかったね。神様の思し召しだ」

夫婦はハグし合った。裁き合うことを知らない愛すべき夫婦なのだ。どうやら、夫婦愛には期限切れはなく、無期限天国パスポートなのだ。後日、妻がキャンセル料返金により、好条件で韓国旅行に出かけられたのは言うまでもない。

「千年、万年でも会っていたいのが真の愛であり　そのような愛による夫婦は　万年生きても一緒にいたいし　会ってもまた会いたいし　話してもまた話したいし　行くのも来るのも永遠に一緒でありたいと思うというのです。」（『真の愛の香り　こころの四季③』光言社、56～57ページ）

3 「嬶」よ、飯炊け出にゃならぬ

◎至誠を尽くして妻を愛す

鳥取県に賀露《かろ》という名の港（現在の鳥取港）がある。鳥取民謡「貝殻節」は、この地より生まれた。歌詞はこうである。

「何の因果で貝殻漕《こ》ぎなろうた。カワイヤノー、カワイヤノ。色は黒うなる身はやせる。ヤサホーエヤ、ホーエヤエー。ヨイヤサノサッサ。ヤンサノエー、ヨイヤサノサッサ。（以下、合いの手は省略）戻る舟路にゃ櫓櫂《ろかい》が勇む。いとし妻子が待つほどに、忘れられよか情もあつい、あの娘ァ濱村お湯育ち、濱村沖から貝殻が招く」と続くが、その次の言葉の読み方が分からない。女偏に鼻と書く「嬶」である。

読者はお解りであろうか？　この不思議な文字の後はこうだ。「嬶よ飯《まま》炊け出にゃならぬ」。文脈で見ても不可解な文字である。しかし、これが解けないと歌詞の意味が分からない。そこで、語源を調べると漢字ではなく、鼻で鼾《いびき》をかく妻と言う意味で〝カカア〟と読ませる。日本で作られた「国字」だそうである。夫の前で鼾をかく妻のことを言うらしい。

つまり、沖へ漁に出たいのだが、妻が鼾をかいてまだ寝ている。何をやっているのだ。思わず「カカア」と叫び、早く食事を作って漁に出してくれという意味になる。緊急の仕事で出かけるとき、寝ている妻が夫を苛立たせるのは、漁師に限ったことではない。

サラリーマン川柳に「まだ寝てる　帰ってみたら　もう寝てる」というのがある。妻が鼾をかいていたかは分からないが、夫が起きて仕事に行くときに寝ており、夫が残業で遅く帰ってきたときも寝てしまっていると嘆くサラリーマン哀歌である。

しかし、一体この夫婦はいつ起きて向きあっているのだろうか？　まことに不可解である。この作品が入賞したところをみると、審査員も同様の被害に遭っていたに違いない。夫が仕事でくたくたに疲れて帰ってきたとき、妻が鼾をかいて寝ていれば、短気な夫であれば怒って妻をたたき起こし、罵倒するであろう。

気が弱い夫ならば、妻の不作為を嘆いて、失意を抱きながら、自分で夕飯を作ることであろう。ところが、である。『自叙伝』の著者である文鮮明先生は、真の夫ならば、鼾をかいて寝る妻の前で、自分の妻への愛の不足を悔い改めて泣きなさいと言われるのだ。

「家に帰ってきたとき、妻が横になって寝ていたとしても、『私が責任を果たせなかったので待っていないのだなあ』と、そのように考えてみたことがありますか。御飯を作らず、昼寝ばかりしていても、そのように考えなければなりません。」（『文鮮明先生のみ言葉集　真の愛の生活信条―愛天愛人愛国』光言社、70ページ　以下は『愛天愛人愛国』）

さらに「夫は、至誠の限りを尽くして妻を愛さなければなりません。」（同、69ページ）と言われている。

妻の鼾のせいで傷心の日々を送っているご主人方、文鮮明先生が言われる通り、至誠を尽くして妻を愛したならば、きっと妻は、夫が早朝出かけるとき、自分の鼾で目が覚めて、あわてて朝食を作るに違いありません。あるいはまた、夫が帰宅する直前、自分の鼾の異音でたちまち目が覚めて、愛のこもった夕食を作ることでしょう。

4 家庭の愛は外にあふれ出ていく

◎境港を復興させた鬼太郎の恩返し

「砂かけばばあ駅」という駅を知っていますか？　そんな変な名前の駅聞いたことないね、と大半の人が言うでしょう。ところが実際あるのです。

その駅は鳥取県境港にあります。境港は日本海に面して、カニ漁獲量が日本一です。カニと砂かけばばあ、何の関係があるのか？　何もありません。

米子駅と境港駅を結ぶJR境線に、この砂かけばばあ駅があるのですが、なんと境線の各駅は全て、国民的妖怪漫画「ゲゲゲの鬼太郎」に出てくる妖怪たちの名前がついているのです。米子駅は「ねずみ男駅」、富士見町駅は「ざしきわらし駅」、境港駅は「鬼太郎駅」で、「砂かけばばあ駅」は、実名「大篠津町駅」と言います。

それにしても、この町に住む本当のお婆さんたちはどんな気持ちでいるのでしょうか？　しかも米子空港は別名、米子鬼太郎空港、と言います。鬼太郎の生みの親はご存じ、水木しげるさんです。

水木さんは境港出身で、39歳の時、島根県安来出身の布枝さん（29歳）と結婚しました。東京都調布市に住んでいましたが、漫画は売れず、ひどい貧困生活でした。やがて苦労の末、「鬼太郎」の着想が湧き、漫画のみならず、映画、テレビアニメになってヒットし、妖怪漫画ブームを起こすことになります。

この鬼太郎ブームにのって、やや寂れかけた町おこしのために、境港駅の周辺に鬼太郎像、各商店の前に妖怪像がつくられていったのです。

ＮＨＫ朝ドラ「ゲゲゲの女房」（向井理、松下奈緒主演、２０１０年、いきものがかり『ありがとう』の主題歌が大ヒット）放映により、多くの観光客が殺到し、小さな町に人があふれるようになりました。鬼太郎が沈みかけた町を復興させたのです。

水木しげるさんは、過酷な戦場で左腕をなくし、生涯、片手でペンをとって漫画を描きました。奥様の布枝さんは背が高かったため、29歳まで結婚できませんでした。互いに課題を抱えていたのです。

布枝さんは、自分を受け入れてくれた夫に心から感謝して「何があってもこの人と一緒に生きよう」と決意したそうです。伴侶に対する感謝と謙遜な心が夫婦の愛の絆になり、生活の困難を越える力になったのです。

作家が主人公を着想するのは、子供を産むようなものです。鬼太郎は水木さんの夫婦愛から産まれた子供なのです。

妖怪といえば、一見不気味なイメージがありますが、鬼太郎たちはどこかユーモラスで憎み切れないキャラクターです。戦争、経済的困窮など多くの苦難を乗り越えてきた夫婦愛の結実ではないでしょうか。

水木さんは２０１５年11月に93歳で亡くなりましたが、鬼太郎たちは境港街を復興させ、産みの親である水木しげるさんに、漫画家としては異例の文化功労者にまでいたらしめます。鬼太郎の恩返しです。

文鮮明先生は、夫婦愛、家族愛は家庭に閉じこもるべきではなく、愛があふれ出て社会をうるおさなければならない、と言われます。

「家庭は、あふれるほど愛を与え、また与える所です。家庭は、家族を包む囲いであって、愛を閉じ込める所ではありません。かえって家庭の愛は、外にあふれ出て、絶えず流れていかなければなりません。」（文鮮明著『平和を愛する世界人として―文鮮明自叙伝』創芸社、２３３ページ　以下は『自叙伝』）

5 愛を夫婦だけにとどめれば、愛が濁ってくる

◎あなたのために生まれた

夫婦円満こそ幸福の要です。ではどうしたら夫婦円満になれるのでしょうか？　夫婦円満の救世主と言っても過言ではない、文鮮明先生の指導にしたがって、二つのことをアドバイスしましょう。

第一は、夫婦が互いに相手のために生きることです。自分が幸福になるために伴侶がいるのではなく、伴侶を幸福にするために自分がいるのだと悟ることです。

文鮮明先生は語られています。

「互いが愛し合い、互いがために生きるようになれば、被造世界が互いにために生きようとするので、天運の福が自動車よりも速くついてくるというのです。行く道までも開拓して飛んでいくというのです。ために生きて天運の道理に従ってために生きる夫婦は、天地が保護するので、滅びずに栄え、繁盛するのが天理の道理です。」（世界基督教統一神霊協会『天一国経典　天聖経』、548ページ　以下は『天聖経』）

「真の夫とは、どのような夫でしょうか。『私が生まれたのはあなたのために生まれたので、あな

たのために生き、死ぬのもあなたのために死ぬだろう』と言う人です。真の妻も同じです。『私が生まれたのもあなたのために、私が生きるのもあなたのために、また私が死ぬのもあなたのために！』と互いに通じ合いながら、自らを越えて相手のために生きる原則をもった家庭ならば、この家庭は理想的な家庭であり、愛の家庭であり、幸福の家庭であり、平和の家庭に間違いありません。」

（『天聖経』５４６ページ）

第二に、夫婦となって地域社会や国家世界の発展のために尽力することです。夫婦だけが幸せになればいいと、二人だけの愛の巣をつくろうとしないことです。

酸素が男、水素が女だとしましょう。結婚は酸素と水素の化合です。化合すれば水になりますが、水は水だけのために存在していません。人類の幸せのために存在しています。生命を蘇生させて生活を豊かにします。同じように、夫婦になったら地域発展のための原動力になるのです。

水は何かのために使われてこそ価値を発揮します。流れずにたまった水は濁ります。そのように愛を夫婦だけにとどめれば、愛が濁ってくるのです。結局、ささいな夫婦の幸福すら実現できなくなります。

コップを満たし、洗面器を満たした水があふれ出ていくように、夫婦の愛もあふれ出て地域社会に向かっていくのです。地域発展のために生きてこそ夫婦円満になれるのです。共通目的があって初めて夫婦は一つになれるのです。

世界平和のために生涯を捧げられた文鮮明先生は、韓鶴子女史と結婚するとき語られたそうです。

「私との結婚が、普通の結婚とは違うことをよく知っているだろう。私たちが夫婦の因縁を結んだのは、神様から受けた使命を果たし、真の父母になるためであって、世の中の人たちのように男女の間の幸福のためではない。神様は真の家庭を通して天国をこの世に広げたいと願われている。私たちはこれから、天国の門を開く真の父母になるための厳しい道を行かなければならない。」(『自叙伝』204ページ)

文鮮明夫妻は「苦しんでいる人類を救い、神様を喜ばせてさしあげなさい」という天命を果たすために結婚されたのです。「私たち夫婦だけが幸せであればいい」という言葉は、文鮮明先生夫妻の愛の辞書には存在しないのです。

6 辛酸舐め、歌への夢求め続けた遠藤実夫妻

◎夫婦は一緒に行くのです

「あなた、幸せでした」「おれも幸せだった。おまえのおかげで、いろんな歌を作ることができた。ありがとう」。節子が首を振る。「違います。それは世間の、皆さんのおかげです」。それから一時間後、妻は静かに息を引き取り、満64歳の生涯を閉じた。

病室に慟哭《どうこく》が満ち、とめどなくあふれる涙とともに、二人で生きてきた日々の情景がつぎつぎと浮かび上がってくる。

一杯のチャーハンの真ん中に筋をつけて分け合ったこと。ナメクジ長屋に引っ越したときはお祝いの鯛が買えなくて、西荻窪の駅前で売っていた、たい焼きを二つ、お皿に乗せて食べたこともあった。

「ママは愚かな私のために、また私の仕事である歌づくりのために、全身全霊ですべてを与えてくれ、弟子たちをはじめ、まわりの人々に何らの報酬も求めず不変の愛を与えていたようです。私の悪い部分に心を痛め、苦しくても切なくてもじっとがまんをして耐えてきたママに、言いたい放

題トゲのある言葉で苦しめた私は、そちらに行ったら当然大地獄を覚悟しています。えんまさま、どうぞ女房を菩薩界に昇らせてください。せめてもの私の救いは、ママの六十五年の生涯が平凡な暮らしの人々から見て苦難もありましたが、二人の人生をテーマにしたいくつかの歌が人々に愛唱され、その喜びにひたることができたということです。」（遠藤実著『涙の川を渉るとき―遠藤実自伝』日本経済新聞社、234～236ページ）

生涯5000曲を世に出した作曲家遠藤実さんを支えたのは、妻、節子さんだった。

戦後極貧の時代、東京荻窪、吉祥寺を流しのギターで生計を立てていた夫婦の新居は、わずか一畳。この時、夫が18歳、妻が21歳。遠藤さんは、苦しい時、切ない時、妻の笑顔が力となり、姉のような、母のような優しさを感じたという。

結婚祝いは、新潟の実家から送ってきた使い古しのちゃぶ台と妻の夫婦茶碗。引っ越した西荻窪の四畳半では、天井にナメクジが這いまわり、夫は塩を振り、妻は箸で捕まえて瓶に入れた。辛酸を舐めながらも夫婦は歌への夢を求めつづける。そして花が咲いた。

「お月さん今晩は」（藤島桓夫）が初ヒット。二人は両目を涙でいっぱいにして泣いた。「からたち日記」（島倉千代子）、「高校三年生」（舟木一夫）、「星影のワルツ」「北国の春」（千昌夫）が次々とヒット。しかし苦難の時が来た。ミノルフォンレコード社長の座を追われたのだ。

しかし変わらずに明るく振舞った妻がいた。苦しいとき、失意のとき、どんなことがあってもついてくる妻への思いが「ついて来るかい」（小林旭）を生み、寝ていた妻の白髪を見て「ごめんね」

（同）が生まれた。

「人の世に涙の川があり　苦労の山もある　その川を渡るとき　その山を越えるとき　歌という友がいる。」（『涙の川を渉るとき』２３７ページ）

遠藤実さんにとって、節子さんは妻であるとともに、母であり姉であり、最も仕事を支えた親友であり同志であったに違いない。

文鮮明先生は言われている。

「夫婦は同じ道に行くのです。田舎育ちの娘でも、大臣と結婚すれば同じ道に行きます。その田舎育ちの女性が小学校も卒業していないとしても、すべての人が『大臣の奥様だ』と言いながら頭を下げなければなりません。このように夫婦は一緒に行くのです。」（『天聖経』５４７ページ）

7 至誠を尽くして妻を愛す

◎妻が喜ぶのは神様が喜ぶのと同じ

車が大好きなご主人がいました。好きというより愛していました。朝早く起きて、まず車を見に行きます。車体をピカピカに輝くまで洗い、拭き、そして磨きます。ご主人の満足そうな顔が車体に映ります。そして車内も隅々にいたるまで心をこめて綺麗にします。

なんだか宝石のようです。そう、この車はご主人のかけがえのない宝物なのです。車を運転して帰ってくると、すべてを隈なく点検します。傷が付かなかったか、汚れてないか。さらに、車が雨に降られ、風に吹き付けられるのを気遣って、強固で豪華な車庫を造ったそうです。まるで、車のお住みになる御殿のようです。

それればかりではありません。車を愛おしむあまり、動かすと可哀想に思えたようで、通勤用に別の車を買ったそうです。愛する車が汚れるのが見るにしのびなかったようです。この方にも奥様がいるのですが、奥さんが車に少しでも手をふれたら、「こら、何をする。車が汚れるじゃないか」と烈火のごとく怒鳴るそうです。

あきらかに奥様より車の方が大切なのです。当然、夫婦仲はよくありません。奥様は、一度でいいから車のように自分を大切にしてほしい、と思っているに違いありません。

文鮮明先生は「夫は、至誠の限りを尽くして妻を愛さなければなりません。そのように妻を愛すれば、妻の血と肉を受けた子女を、妻が夫と同じように愛するようになるのです。このようになるとき、平和な家庭ができます。それで、『家和して万事成る』というのです。」（『愛天愛人愛国』69ページ）と言われています。

夫とは、働いて給料によって妻子を養っているので夫となるのではなく、妻を至誠を尽くして愛してこそ、なれるようです。車を愛する以上に妻を愛おしく思い、心と体をいたわってあげることです。

妻を愛するがゆえに車を大切にするのです。車が妻の喜びに還元したとき、名車といえるのです。夫婦にとってかけがえのないもの、それは夫婦以外にありません。夫にとって最高の宝物は妻です。世界最高の至宝が妻なのです。永遠の財産なのです。

いや、それどころか神様ではないでしょうか？　女神というではありませんか。子女を出産するのは妻であり、母です。出産して命を創造します。幸福も出産するのです。それゆえ、夫は妻を神様のように大切にし、いつまでも健康で美しさを保つように愛するべきです。

妻が喜ぶのは神様が喜ぶのと同じなので、天運、幸運を引き寄せ仕事がうまくいくのです。妻の笑顔が多いほど、夫は仕事と出世に恵まれるのです。逆に妻を見下したり、馬鹿にすると、神様を馬鹿にしたことになり、家庭から運勢が急ぎ足で去っていくのです。

あるテレビ番組で、釣り名人のおじいさんがインタビューに答えていました。

「おじいさん。あなたはどんな場所でも魚を釣り上げるということですが、釣りの極意はなんですか？　えさですか、仕掛けですか？」

おじいさんが答えて曰く、

「そんなもんじゃあねェな。ばあさんと仲良くすることさ」

さすがは名人です。

ではご主人、あなたに質問します。あなたが世界で一番大切にしているのは何ですか？

食事

8 おいしく食べる 愛して食べる 楽しく食べる

◎食事とは愛を分かち合うこと

家庭円満の秘訣、教えます。それは食事の仕方にかかっています。家族が食事をおいしく食べる、愛して食べる、楽しく食べればいいのです。

毎日欠かさずしていること、それは食事です。一日3回、それを365日続けています。何をやっても続かない人も食事だけは欠かしません。今60歳の人は、3×365日×60年間食べ続けたのです。「それにしてもよく食べ続けたものだなあ」なんて妙に感動しないでください。そんなに食事したのに、どうして幸せになれないのですか？

答えは簡単です。幸運を引き寄せる食事の仕方をしていなかったからです。人は食べさえすれば、動物のように（動物に失礼ですが）真の幸福になれるわけではありません。もしそうなら、とっくに世界平和は実現しているでしょう。

家族が食卓を囲んで和気あいあいと、おいしく楽しんで食事をすれば、幸福のほうから走ってやってくるのです。そのために奥さんは、料理を真心こめて作るべきです。スーパーでパック惣菜を買ってきて、電子レンジでチンして食卓に置くこともできます。でもそれは労働であって料理ではありません。

料理は愛の実践なのです。文鮮明先生は「料理を作るのも、愛の味を高めるためなのです。それが真の愛です。料理を作るときも、心を尽くして作ったときはおいしいのです。つばが流れ、涙が流れ、鼻水が流れます。『ああ、おいしい！』と、味の王がそこに現れるのです。あまりにも気分が良いので、そうなるのです。」（『天運を呼ぶ生活』77～78ページ）と言われています。

料理は妻の、お母さんの愛の結実なのです。食事とは愛をいただくことなのです。食事は家族にとって愛を分かち合うことなのです。だからご主人は食べ終わったとき、大きな声で「おいしい。おいしい」と叫ぶべきです。妻の愛の送信が料理なら、夫の愛の受信が「おいしい」なのです。

男は黙るのが美徳、などと喜びを抑えて沈黙してはいけません。寡黙で絵になるのは、今は亡き高倉健さんぐらいです。夫の「おいしい」の一言が妻の心を刺激します。ですから、少しまずくとも「おいしい！」と絶叫したほうがよいのです。妻は手抜き料理をしたことを恥じ、悔い改めて、今度はおいしい料理をつくることでしょう。

ところで、食事には健康運を引き寄せる極意があります。それが「感謝して食べる」ことです。

食材はすべて「いのち」です。米のいのち、キャベツのいのち、牛や豚のいのち、鶏のいのち、です。

食事とは、私を生かすために捧げた「いのち」をいただくことなのです。愛の結実を吸収することです。太陽が、雨が、大地が植物を蘇生させ、家畜がそれを食べて育っていき、その結実を人間が食しているのです。宇宙の結晶をいただいているのです。

文鮮明先生は食材の心を語られています。

「涙を流し、愛する心で食べ物に対するとき、その食べられるものは、『ついにあなたの血肉になり、力になり、神様を愛することができる元素として私が吸収されます。このような驚くべきことに感謝します』と言い、早く口に入っていこうと考えるのです。牛肉を食べても、『この牛肉は、子牛のときから母親が愛し、主人が愛して育てて、ここまで来た愛の結実なのだ』と考えなければなりません。そのようにすれば、食べるものがすべて薬になるのです。『あなたの体の悪い要素を、私が入っていってすべて食べます。あなたが私を喜んで食べたので、あなたの体の悪い菌を、私が捕まえて食べます』と言うのです。」（『天運を呼ぶ生活』76～77ページ）

9 感謝して食べた食材は薬になる

◎トン（豚）でもない事態に遭遇

夕暮れ時、アメリカの山林地帯を走っていく一台のトラック。その前方を塞ぐように、白い大木が倒れていた。運転手が慌てて急ブレーキをかけて車を止めた、その瞬間である。大木が動き出したのだ。

奇怪な出来事に仰天した運転手は、銃を持って車を降り、恐る恐る大木に向かって行った。すると、大木が運転手の方に向きを変えたのである。

よく見てみると、な、なんと大木に、目があり、鼻があり、口があり、耳があるではないか。大木は、大きな豚だったのだ。

運転手は、トン（豚）でもない事態に遭遇したのである（笑）。しばらく、豚と運転手は見つめ合っていたが、やがて豚は立ち上がって首を横に振った。「ヘイ、カモンベイビー、俺の後について来い」とでも言っているようである。

豚の気迫に圧倒された運転手は、素直に後をついていった。豚は時々振り向いて、運転手がついて来るのを確かめる。

やがて山林地帯を越えて、広々とした草原に出た。すると草原の真ん中に、小さな家があるのが見えた。どうやら豚は、その家に導いていたようだ。

「まさか、トン汁をごちそうしてくれるのかな」などと考えている余裕は運転手にはない。豚は、家の戸口で首を振って、「入れ」と促す。

運転手は入って驚いた。お婆さんが気を失って床に倒れていたのだ。一人暮らしでベッドから落ちたに違いない。息も絶え絶えである。

豚は、身寄りのないお婆さんの最愛の家族だったのだ。お婆さんを救うために、道路で横たわって運転手を家に連れて来たのである。運転手がお婆さんを担いで車に乗せ、病院に連れて行ったため、間一髪で一命を取り留めた。

豚は、命懸けでお婆さんを救ったのである。これはアメリカで実際にあった話。豚に限らず、牛、鶏などの家畜はすべて、人のために生きていて、命を捧げるのである。

家畜とは、真の愛の結実体なのだ。そして食事とは、いのちをいただく神聖な行為なのだ。文鮮明先生は食材と向き合う心について語られている。

「感謝する心がないままで食べてはいけません。それはすべて、生き物を殺して作った祭物なのです。」（『愛天愛人愛国』112～113ページ）

「愛の結実を吸収して生きていることを感謝して食べる人は、病気になりません。そのように感謝して食べると、食べる物がすべて薬になるのです。食べる物が『あなたの体の中の悪い要素を、私が入っていってすべて食べてあげます』と言うのです。」（同、117ページ）

感謝して食べる人には、食材たちが血液になって体内巡回して、悪い病原菌を見つけて食べてくれるので「薬になる」というのである。家畜たちは自分の命を人間に捧げて、人体の一部になり、神様と人間のために尽くそうとしているのである。

感謝と為に生きる愛の精神こそが、命を献祭した家畜たちへの恩返しなのである。文先生の食事の姿勢を紹介しよう。

「ご飯を前にするごとに、『おまえを食べて、きのうよりももっと輝いて、公的なことに取り組もう』と言うと、ご飯が私を見て、笑いながら喜んだのです。そんなときは、ご飯を食べる時間がとても神秘的で楽しい時間でした。」（同、114ページ）

10　愛の味を高める

◎お互いが相手の喜びの為に生きる

料理教室で料理の腕を磨いて、大変な自信を持っている奥様がいました。新婚当時からご主人の夕食のためにその腕を大いにふるっていました。確かに素晴らしい料理だったのです。当初、ご主人は美味しそうに食べていました。ところが、ある時期から家で食事をせずに外食をするようになったのです。奥さんは腹を立てて思いました。

「どうして、私の作った美味しい食事を食べないの？　私は料理教室で達人だったのよ。一体どこで外食してるの？」

実は、ご主人は残業で遅くなってしまったとき、決まってある小さな料理屋で食事していたのです。その店で出てくる定食は高くもなく豪華でもありません。外見は奥さんの料理の方がはるかに豊かなのです。でも、ご主人は必ずその店で美味しそうに食べていたのです。そこの女店長はなかなかの商売人で、一度来店したお客を必ず常連客にしていたのです。一体その秘訣はどこにあったのでしょう？

実は、密かにお客様の食べ方を精密に観察して、その味の好みを徹底的に調べ上げていたのです。そうして、ご主人が来店する度に、大好きな調味の利いた料理を出していたのです。その結果、ご主人は毎日のようにその店に来るようになってしまったのです。

商売とはいえ、女店長はご主人のために料理の味を高めていたのです。しかし、奥さんは自分の料理の腕の良さにやや思い上がって、自分の得意な料理ばかりを作っていたので、愛の味が女店長より落ちていたのです。人は料理に込められた愛を味わうのです。

文鮮明先生は料理について次のように語られています。

「家族生活において、様々な料理を作るのも、日常の生活も、服を作るのも、すべて愛のためです。愛を装飾するためなのです。料理を作るのも、愛の味を高めるためです。それが真の愛です。料理を作るときも、心を尽くして作ったときには、おいしいのです。つばが流れ、涙が流れ、鼻水が流れます。『ああ、おいしい!』と、味の王がそこに現れるのです。そのような料理を作ってみましたか。」

(『愛天愛人愛国』67ページ)

家庭円満は、お互いが相手の喜びのために生きた時、もたらされます。まず与え、尽くす時、円満になれるのです。

もし、夫が「妻は俺の世話をするためにいるんだ」と思い込み、妻に要求ばかりすれば、妻は猛反発するでしょう。妻はパートで雇われているハウスキーパーではないのです。

また、妻は妻で「夫は自分の世話をするために働くのだ」と考え、夫に要求ばかりすれば、夫は機嫌を悪くするでしょう。夫は妻に雇われている社員ではないからです。

愛は相手のために生きることで、相手を利用することではないのです。そうであれば、妻が化粧するのも、髪型をセットするのも、すべて夫を喜ばせるためということになります。

しかし大概、夫が仕事で家を出てから、たっぷり時間をかけて化粧や髪型をセットしているのではないでしょうか。夫が夕方帰ってくるときは、すっかり化粧が落ちています。夫は美しい妻の姿を見れないまま、生涯を終えるでしょう。

妻は化粧、髪の手入れを誰のためにしているのでしょうか？　夫のためでないことは確かなようです。まさか、夫が早くお亡くなりになって遺影から別人のような奥様の美しい姿を見て感動する、なんてことはないですよね。

11 心の門を開き、自然の声に耳を傾ける

◎自然を通し語りかける神様

「向きを変えてー。向きを変えてー」

誰もいない部屋で女性のか細い声が聞こえてきます。青年は何度も部屋を見ましたが、だーれもいません。でも確かに女性の声は聞こえてきます。

「まさか…あれでは」とおそるおそる、壁際にある花瓶のそばに行ってみました。

驚いたことに、声の主は花、だったのです。花が正面ではなく壁に向かって生けてあったのです。

さらに耳をそばだててみると、「これでは人を喜ばせてあげれないよー。だから向きを変えてー」と叫んでいるのです。

青年は花の向きを正面に変えてあげました。すると花は言いました。

「ありがとう。ありがとう」

青年はなんだか涙がこみ上げてきました。

「花にも心があって人を喜ばそうとしているんだ」

文鮮明先生は自然が私たちに語りかけ、神様も自然を通してメッセージを伝えると言われます。

「自然は神様が下さったものです。神様は自然を通して私たちに語りかけます。（中略）私たちは自然に帰り、自然が話す声を聞かなければなりません。心の門を開き、自然の声に耳を傾けるとき、自然の中から伝わる神様のみ言を聞くことができるのだ。」（『自叙伝』１８５ページ）と言われます。

文鮮明先生は農村を訪ねて稲の声を聞けば、農民の心がわかるといいます。稲が嘆いていれば、農夫は愛に欠けており、稲が感謝していれば、農夫は愛が豊かだとわかると言います。

文鮮明先生は世界平和のために生涯をささげられましたが、誤解と迫害の中で、幾たびも牢獄に入れられました。しかし、牢獄生活の中でも、自然との交流を通して、神様の愛を感じることができたのです。

「韓国と米国、さらには北朝鮮で何度か監獄に入っても、他の人のように寂しいとかつらいとか思わなかったのも、すべてその場所で風の音を聞くことができ、共に暮らす虫たちと会話を交わすことができたからです。」（『自叙伝』51ページ）

人は本来、自然を通して語りかける神様の声を聞き、自然の叫びを聞くことができるのです。それが聞こえなくなったのは、生活に追われて、いつの間にか心を閉ざし、自然万物との間に壁をつくってしまったからなのです。硬い心の壁が自然の声を拒んでいるのです。ふたたび青年の話にもどりましょう。

ある日、青年は些細なことで夫婦喧嘩をして外に飛び出してしまい、すっかり落ち込んで、夜道を歩いていました。すると、どこからともなく、声が聞こえてくるではありませんか。

「変わるなー。変わるなー」

青年は夜空を見上げました。その声は月から聞こえてきたのです。月は叫んでいます。

「私は何があっても変わらずに闇を照らしているのに、どうしてあなたは変わってしまうの。変わっちゃだめー。変わっちゃだめー」

青年は涙がこみ上げてきました。

「月でさえ変わらないのに、どうして僕の愛は変わってしまうのか。恥ずかしい」

青年は気を取り直して、愛する妻の元に急ぎ足で帰って行きました。この話は、いつだったか、その青年が何気なく教えてくれたのです。自然はいつでも私たちが家族円満になるために語りかけているのですね。

12 動物も愛を知っています

◎人生、ニャンとかなる

今年（2018年）は戌年であるが、そんなことはお構いなしに猫が元気である。「人生（猫生）ニャンとかなる」の精神で、自由奔放に生きている。ただし、ご主人様の機嫌を損なわないように、ポイントだけは抜け目なく押さえているのだ。

「猫の手も借りたい」という言葉がある。ネズミを捕ること以外は何の役にも立たない猫にでも、手を借りたいほど忙しいという諺《ことわざ》だが、つまりは「役立たず」の代名詞として〝猫〟を挙げているのだ。そんな「役立たずの猫」がなぜ人間から愛されるのだろうか？

あるペルシャ猫の話がある。出生はペルシャの宮殿と言いたいところだが、ペットショップ関連施設だ。

気位が高く、俗世間と交わらないし接する気もない。が、運命とは不思議なもので、庶民の家に飼われることになった。

子猫の頃からプライドが高く、高い所に登って上から飼い主を見下ろす習性があった。食べ物は高級ペットフードしか食べない。猫舌にさわやかで、まろみのある、極上の味がするものだけを食べて、かみ砕けない固いものは吐き出してしまうのである。

一度、主人が外に出そうとしたことがあったが、後ずさりして出なかった。俗世間とは猫肌が合わないのだ。

主人が家にいない時はひたすら寝ている。何のために生きているのか?などと考えるのは思考の浪費なのである。

主人が帰って来ると全速力で玄関に走って行き、満面の笑顔で「ニャーン」と猫なで声を出す。仕事で疲れきっていた主人は、その鳴き声に癒やされて、抱っこして頭をなでなでするだろう。

そんな猫の最大の悩みは空腹である。早寝早起きなので、朝の空きっ腹は耐えられない。寝ている男主人を起こすために、顔を舌でぺろぺろなめたり、爪で傷つかない程度にひっかいてみる。しかし、主人の顔の皮膚はよほど厚いとみえて目を覚まさない。

そこで、女主人に方向転換する。が、女主人はそれを想定してか、布団をかぶって寝ていて、ひっかき作戦は不可能である。だが、ここで引き下がるペルシャ猫ではない。家計の出費に敏感な女主人の目覚めるツボを心得ているのである。

寝ている女主人の脇の壁を爪でカリカリとひっかく。壁に傷跡があると引っ越しの時、修復費用が発生してしまう。

そこに敏感な女主人は、たちまち目を覚まして飛び起き「まあ、ぺーちゃん。お腹すいていたの、ごめんね。すぐ作ってあげるわ」と猫に語りかけ、家族より先に食事を御馳走するのである。いったいなぜ、猫がここまで愛されるのか？　猫に尋ねれば、きっとこう答えるに違いない。「なぜ、愛されるかって？　決まっているでしょ、か・わ・い・げ、よ。人生（猫生）、かわいげさえあればニャンとかなるのよ」

なるほど、そーなんだ。一生懸命まじめに働いても、妻から愛されないご主人の皆様、かわいげのある夫になれば、きっと妻との関係も〝ニャンとかなる〟はずです。

文鮮明先生は言われています。

「動物も愛を知っています。」（『自叙伝』47ページ）

13 果物に込められた愛の色を味わう

◎スーパーは〝便利天国〟

「わあー、ここは天国ですか?」

記憶を喪失した妻が夫に手を引かれてスーパーマーケットに入った瞬間、感動して思わず口から出た言葉（韓国映画『私の頭の中の消しゴム』、チョン・ウソン、ソン・イェジン主演）。妻はすべての記憶を失っていたので、そこが買い物売り場とは、まったく分かりません。

目の前に果物、野菜、お菓子、パン、日常生活品が陳列してあり、レジの店員が彼女を笑顔で温かく見つめています。あらゆるものが自分のために準備され、愛が注がれている「天国」だと思ってしまったのです。

確かに、スーパーは〝便利天国〟と言えます。日常生活に必要なものはそろっているし、しかも場所によっては24時間営業し、店内で軽食もできて、店員は困ったことを丁寧に教えてくれます。〝便利さ〟から見て「天国」と言えるでしょう。そればかりではありません。

愛という観点から見ると真の愛の展示場とも言えるのです。スーパーは、神様の愛の展示場なのです。神様は、人間の体の健康のために様々な万物を創造されました。人間の創造主である神様は、人の健康に必要な栄養素と好きな味を知っています。神様の創造の動機は「喜び」なのです。その傑作品が果物です。果物は、人間が手で掴める大きさになっています。バナナが人間の身長より長く大きければ、落下したバナナの下敷きになって窒息死亡事故が絶えないかもしれません。果物は季節ごとに､形と色と味が変化します。心憎いほどの繊細な神様の愛が込められているのです。夏はスイカ、メロン、ウリ、秋はブドウ、柿、冬にはミカン。色も形も四季折々。

文鮮明先生はリンゴを手にして「『この色がどれほどきれいだろうか。この色を味わおう！』、このように考えたのです。そうすると、口を開けて食べるという考えが出てきません。食べずに見ていてこそ、目の保養にもなり、香りもかいで…。」（『愛天愛人愛国』１１８ページ）と語られ、神の愛を堪能されているのです。

リンゴだけでも味わい深いのですから、果物売り場は、まさに愛の展示場なのです。ところで、果物に込められているのは神様の愛だけではありません。果物の育成に関わった多くの人々の愛も込められているのです。

果物とは、農家の人の愛と精誠の結実なのです。苗を植え、丹精を込めて育て、害虫を除去し、暴風雨から守ってきた、子供を育てるような親の愛の結晶なのです。

収穫とは、立派に成長した我が子の成人式なのです。そこに、スーパーまで運送する愛が加わります。果物を届ける〝配送愛〟。

到着したスーパーで、心を込めて陳列して管理する店員たちの愛が加わっていきます。そして、笑顔の店員たちの愛が人々を迎えるのです。

レジとは、愛の受け渡しの場所なのです。何よりも果物そのものに愛があります。自分の身を捧げて人を喜ばせ、楽しませようとする健気な愛。スーパーは、神様の愛、人間の愛、万物の愛の三重奏の奏でる愛の展示場なのです。

ですから皆様、お金を持たずにスーパーに行って、愛と美を堪能してはどうでしょうか。もっともそんな人ばかりくると、店長の顔から笑顔が消えるかもしれませんが。

14 一輪の野の花に、一つの天国を見る

◎宇宙は神様が私のために造った

一粒の砂にも世界を
一輪の野の花にも天国を見
君の掌《てのひら》のうちに無限を
一時《ひととき》のうちに永遠を握る

ウィリアム・ブレイク（18世紀の英詩人・画家）

どんなに素晴らしい花を描いた絵画でも、その花から香りはしません。そして芽を出して実を結ぶことはありません。風が吹いても、額が揺れるだけで、花が揺れることはありません。最も大切な生命力がないからです。

生命は真の愛から生まれます。この観点からすれば数億もする有名画家の作品も、道端の雑草に及びません。なぜなら、作者が天地創造の作家、神様だからです。

神様は私たち一人一人のために、ご自分の愛のすべてを注いで自然万物をお造りになったのです。確かに、人間関係で落ち込んだ「私」を、木の葉自身は手を振って激励できません。でも風があります。私を愛する風と私を慈しむ草木が一体となって、激励してくれるのです。風で揺れる木の葉っぱたちはまるで、手を振っているようではありませんか。

道路脇の雑草や花たちは、風とコンビになって精一杯、歩く人を激励しているのです。草言葉、花言葉で私たちに話しかけているのです。太陽と空と風、そしてすべての森羅万象が協力しあって私たちのために生きて働いているのです。仕事の行き帰り、家事、買い物の途中で私たちは自然の愛に触れているのです。

しかし、どんなに思いやりを持って声をかけても、仕事の忙しさと煩雑な人間関係ですり減らされた心では、決して自然たちのやさしさ、温かさに気づくことはありません。それを感じないのは、文鮮明先生が言われるように、自然と交感する心を失っているからなのです。

神様が、私の幸せのために精誠を込めて自然環境をお造りになったことを感謝するべきです。

「宇宙は神秘的な世界です。神様がいたずらや遊び道具として造ったのではなく、愛する人のために精誠を込めて造ったとすれば、この世界がどれほど美しいでしょうか。この宇宙は父が『私』のために造ったのだという、この上ない感謝の気持ちをもたなければなりません。」(『天聖経』605ページ)

そういう思いをもって公園を散歩し、庭の草木を見つめ、空飛ぶ鳥の鳴き声を聞き、川の流れを見つめ、風に揺れて動くすべてのものを鑑賞するとき、環境が私のために神様が創造した真の愛の自然博物館となるのです。

「ちっぽけな砂粒一つにも世の中の道理が入っており、空気中に浮かぶ埃一つにも広大無辺な宇宙の調和が入っています。私たちの周りに存在するすべてのものは、想像もできないほどの複合的な力が結びついて生まれているのです。また、その力は密接に連関して相互につながっています。大宇宙のあらゆる存在物は、一つとして神の心情の外で生まれたものはありません。木の葉一枚揺れることにも宇宙の息遣いが宿っています。」（『自叙伝』51ページ）

「自然はあらゆる要素が一つのハーモニーをなして、偉大で美しい音を作り出します。誰一人として排除したり無視したりせず、どんな人でも受け入れて調和をもたらします。」（同、52ページ）

もしあなたが、自然の愛を感じる心で接すれば「一輪の野の花にも天国を見」るでしょう。

15 心の美容トレーニング

◎性根はあの世でも変わらない

あなたは青色の服を着て、電車の第一車両に乗りました。満員だったので、連結部を渡って第二車両に移動します。

その時、服の色は赤色や白色に変わるでしょうか？「あり得ない」と誰もが断言するでしょう。

それと同じように、あなたが死んで、この世からあの世に移動したとき、あなたの性根は何も変わりません。もし、あなたが心優しい人で、いつも為に生きる精神の持ち主だったら、「あの世」に行っても、人のために尽くす幽霊になるでしょう。

しかし、自己中心で人を犠牲にして自分の利益だけを求める性格の持ち主であれば、あの世でも同様に、利己主義に徹する幽霊になります。人のあら探しをして、悪口、雑言、陰口を言いまくる性根の持ち主であれば、あの世に行ってもあら探しナビゲーターになるでしょう。

文鮮明先生は言われています。

「ここで生きた人があの世に行って、突然変わることはできません。『三つ子の魂百まで』という言葉があります。もって生まれた性格は直すのが難しいのです。あの世に行っている霊人体は、私たちが今まで暮らしてきた内容と特別に違うのでしょうか。突然に変わるのでしょうか。そのようなことはありません。ここで生きた、その姿どおりに収穫されていくのです。」（『天聖経』７３６ページ）

つまり、あの世には、この世で培った自分の真実の姿、性質を持っていくのです。この世では優しい笑顔を装いながら、よこしまな性根を隠して人をだますこともできます。悪人の心を持ちながらも、表向きは善人を装うことができるのです。

しかし、あの世ではできません。性根が露呈されて、真実の姿が現れるのです。

為に生きている心の美しい人は、輝く美人になります。心の美しさがそのまま姿にあらわれ、光を発するのです。しかし、外見は美人でも、心が汚れていれば醜い姿に変形します。

文先生は、人間は肉体と霊体の二つの体を持っていると言われます。霊体は、心の如く変形するのです。あの世で千年万年、永遠の生活を美しく輝かせるには、短い肉体人生の外見だけを気にして生きるよりは、心の汚れを洗い流し、心のメイク、整形、美容に集中する方が賢い生き方です。

永遠につながる心の美容整形は、真の愛の実践です。最も美しい心は、為に生きて忘れる心だからです。

それゆえ、心の美容トレーニングが必要です。心の美男美女を創出するための教科書が『文鮮明師自叙伝』です。

心の美容トレーニング方法は簡単明瞭。毎日、自叙伝書写を真心込めて実践し、この言葉通りの心を創ることです。自分を美しくしてくれる人は身近にいます。夫であり、子供であり、舅姑です。さあ、今日から、心の美容トレーニングを始めましょう。

年をとって外見が衰えることなど全く気にすることはありません。まばゆいばかりに心を美化して、あの世で若返る準備をするのです。

16 真実な心で愛を分かち合う

◎書写のみ言葉は心の美容液

ここは霊界である。「あの世」とも言う。ここで何人かの霊界人が集まって座談会をしている。その中に、少し変わった立場の人がいた。彼の名はスウェデンボルグ。18世紀の哲学者であり、科学者だ。

神様から霊界の様子を地上に伝える使命を授かって、肉体を地上に置いて霊界に来ている霊界ジャーナリストと言っていい。

座談会参加者の中に、顔がしわだらけで、目がくぼんで枯れ木のような老人がいた。「こんな退屈なところより前世（生前中の世界）がよかった」などと愚痴ばかりこぼしている。

その老人とは対照的に明るく元気な青年がいた。顔の血色がよく、凛々しく活気にあふれる若者である。「この世（霊界）はあの世（地上界）よりはるかにいい所です。来てよかったです」と元気はつらつに語り、希望に燃えている。

スウェデンボルグは二人を見比べて思った。

「あのおぞましい老人は、何百年か前に霊界に来たんだろう。そして、あの元気な青年は、最近、20代の若さで霊界に来たに違いない」

そこで二人に、いつ頃霊界に来たのかを尋ねて、びっくり仰天した。なんと、皺《しわ》だらけの老人は、最近、20代で亡くなった若者であり、元気な青年は、数千年前に霊界に来た老人?だったのである。

これは、心の在り方がそのまま霊人体の形相に反映することを示している。〝霊界老人〟は生前、不平不満を抱いて死去した青年であり、〝霊界青年〟は希望と情熱にあふれて、数千年前に天寿を全うした老人だったのだ。

人は心と体で生きている。体は物質であるので時とともに弱り萎《しお》れていく。どんなに美容整形しても、老齢化は拒めない。必ず死によって消滅する。

ところが、無形で目に見えない心は、時間が経っても衰えず死によって消滅もしない。心こそ不老不死なのである。

心は努力によって美しくなり、豊かにもなり、若返りも可能である。たとえ肉体年齢が88歳でも、18歳のみずみずしさを保つことができる。夢を持って志を抱き、希望と情熱を持って生きることが若さの秘訣なのである。体の美容整形には限界があるが、心の美容整形には無限の可能性があるのだ。

文鮮明先生は10代の頃、「人々の流れる涙をぬぐい、心の底に積もった悲しみを吹き払う人」になって「人々に幸福をもたらす者になろうという心」を固めた（『自叙伝』58ページ）。

93歳で死去されるまで、大きな夢と大志を抱き、世界平和のために挑戦し続けた。先生にとって90歳に至る時期が最高に完熟した青春時代であり、年を取れば取るほど若返っていった万年青年だったのである。

文先生の言葉には、その青春の希望と情熱と真の愛が込められている。まさにそれは、若返りの神薬である。薬は口で飲むが、言葉は目で読んで、耳で聞いて、手で書写して飲み込むのである。永遠に若々しくあり続けるのはあなたの心の在り方次第なのだ。

「真実な心で愛を分かち合えば、越えられない壁はなく、成就できない夢はありません。」（『自叙伝』２７５ページ）

（参照：『エマニュエル・スウェデンボルグの霊界（マンガ版）―私は霊界を見てきた』中央アート出版社）

無償の愛

17 与えたことを忘れて絶えず与えるのが愛

◎忘れっぽい夫婦の心温まる話

70過ぎのある忘れっぽい男のエピソードを紹介しよう。ある日の朝、男は眼鏡を置いた場所を忘れてしまい、あらゆる場所を探しまわった。

机の上、引き出しの中、本棚、本と本の隙間には見当たらない。台所、電子レンジ、冷蔵庫の中、洗面所、背広のポケット、衣装ダンスの中を探すも現れず。その間にも刻々と出勤時間が迫ってくる。「眼鏡は出家したのだろうか?」などと本気で考えた。

自分の忘れっぽさに嫌気が差して絶望したが、ふと鏡を見て歓喜に震えて叫んだ。

「こんなところにあったのか」

両耳に掛かっていたのである。

またある時、男は風邪で体調を崩して寝込んでしまった。だが、この時ほど妻に感謝したことはなかったという。なぜなら、彼が好む病人食を妻が完璧に出してくれたからだ。「おかゆに梅干3個としらす干し。すったリンゴと牛乳プリン」

彼は妻を絶賛する。

「頼んだわけではないのに、これほど夫の好みを熟知しているのはお前をおいて、この世界には誰もいない」と感激し、涙をこぼして感謝した。この世には、おかず一つで大喧嘩になる夫婦もいるのに、である。

ではなぜ、彼の妻は完璧に夫好みの食事を出せたのか。夫への愛が奇跡を起こしたのだろうか？答えは簡単である。実は、夫は好みのメニューを事細かく妻に指示していたことをすっかり忘れていただけなのだ。要するに、妻は夫の指示を忠実に守っただけなのだが、あまりにも夫が感激するので、事実を告げられなかったのである。

さらには、ある日の夕方のことだ。夫が会社の帰りがけに八百屋に寄ると、なんと1パック12個入りのイチゴが199円で売られていた。彼は大いに喜び、自分が5個食べて、妻に7個あげようと買って帰り、妻にパックごと渡して風呂に入った。風呂を上がってから食べようと思ったからだ。しかし、風呂から出てみるとイチゴはすべて食べられて、消滅しているではないか。

「え、イチゴがない。俺が風呂を上がってから5個食べると言っていたのに、お前が全部食べてしまったのか」と恨めしそうに叫ぶと、妻は不思議そうに答えた。

「何言っているの。あなたは風呂に入る前に自分で5個食べたじゃない。私は残りの7個を食べたのよ」

彼は愕然とした。風呂前に自分で5個食べて忘れたのか。それとも、妻が12個すべて食べて忘れてしまったのか？　いずれにせよ、このイチゴ事件は不可解である。

悩んだ末、彼は悟った。そもそも、妻に全てを与えるべきだったのに、5個食べようとした自分の愛が不足していたのだ。妻が喜んで夫の愛を感じてくれればそれでいいではないか。

文鮮明先生は言っている。

「与えたという事実そのものを忘れてしまい、絶えず与えるのが愛です。それは、喜んで与える愛です。」（『自叙伝』220ページ）

未だに真相は不明であるが、夫婦円満であればすべてオーケー。少々のことは忘れた方がいい。確かに、記憶のしすぎは時として夫婦に災いをもたらす。

「ケンカして　わかった妻の　記憶力」（2005年、第一生命 サラリーマン川柳コンクールより）

18 愛する苦労は心を大きく美しくする

◎愛の大きさ、深さが幸福の源泉

人の悩みの本質とは何でしょうか？

誰もが幸せを求めて結婚します。その伴侶との出会いが自分に幸せをもたらすと確信すればこそ、世界で一人の新郎、新婦を選ぶのです。しかし、ある婦人はこう言いました。

「結婚して幸せでした。1年と3ヵ月までは」

それ以降、40年間は不幸だったと嘆くのです。

この婦人のように、結婚してから苦しみが生じた人たちは多いようです。かつて歌手の藤圭子さんが「15、16、17と私の人生暗かった」と歌い、大ヒットしたことがありました。

しかし、たとえ15歳から17歳まで人生が暗かったとしても、結婚してから明るくなれば問題ありません。逆の場合の方がきついです。結婚してから「65、66、67と私の人生、暗かった」では堪りません。

ただ、現実には年齢や時間は、幸福には何の関係もないようです。年を取れば幸福になれるなら、高齢化社会の日本は幸福な老夫婦で満員御礼でしょう。

夫婦喧嘩は、不幸な出来事を相手のせいにすることから始まります。相手のせいだと思い込み、決めつけることが原因となっているのです。もし本当に相手が原因で不幸になっているなら、相手を変える以外に本質的解決はありません。

しかし、不幸の原因が相手の言動ではなかったとしたら、相手が目の前からいなくなっても、新たな不幸が生じるでしょう。実は不幸の原因は、自分の愛の狭さ、小ささ、浅さからきているのです。コップに水は器の分しか入りません。たくさん水を注げば溢れ出ていきます。コップに手は入っても、顔は入りません。でも洗面器なら手も顔も入ります。それは器が広いからです。しかし全身は入れられません。

では風呂はどうでしょう。全身が入ります。親子でも一緒に入れます。ですが、家庭用の風呂に10人一緒には入れないでしょう。健康ランドなどに行くしかありません。しかし、その健康ランドでも、一度に千人万人は不可能です。

沢山の人達を一度に収容できる場所、それは海です。海はどんな人でも何人でも受け入れます。果てしなく広く深いからです。同様に心の器の大きさ、広さ、深さによって幸不幸が決まるのです。

人間関係の悩みの本質は相手にあるのではなく、自分の心の大きさ深さにあるのです。心の狭さと浅さが嫌いな人を作り出しています。心が広くて大きければ、どんな人でも喜んで受け入れられます。

あなたの心の器はコップですか、洗面器ですか、風呂ですか？　その次元でとどまっていれば、きっと不幸を感じているでしょう。心が海のように広くならない限り、最大の幸福は得られません。夫も妻も一年が春夏秋冬と変化するように、心も変わります。夫の春の性格しか愛せなければ冬のように冷たくなった時、愛せなくなります。どんな人間でも、海のように丸ごと受け入れる深さと広さが人生を喜びに導くのです。

千変万化する人間を丸ごと愛する度量こそが、幸福の源泉なのです。

「苦労することは　心を大きくすることであり　人を愛することは　その大きな心を美しくすることです。」（『真の愛の香り』12ページ）

19 愛は与えて忘れなさい

◎いきなり熊に遭遇したらどうしますか？

先日、本当に北海道に来たのだと、ある場所で強烈に実感した。雄大な森林地帯でもなく、湖畔でも、草原でもない。コンビニである。

店に入ると若い女性の声で北海道の紹介をしていた。店内を見渡し、気に入ったケーキを買おうとした、その瞬間である。「北海道観光に来た皆さん、注意してほしいことがあります」と突然アナウンスがあったのだ。

「いったい何だろう」と手を止めると、「おいしいチョコレートなどを袋に入れて山の中を歩かないで下さい」と言う。私は疑念を抱いた。

「え、何でお菓子を入れた袋をぶらぶらさせてはいけないの？」

その疑問に答えるように、続けて驚くべき言葉が告げられた。

「ヒグマが出てくるかもしれません。危険ですから決して食べ物をもって歩かないでください」

「く、熊が出る!?」と大きな熊が山から出現する光景をイメージしてゾッとした。私は緊張しながら、次の指示に耳を傾けた。

「万が一、熊と出会ったら、平常心を保って冷静になってください。興奮すると危ないです」

私は思った。

「熊に出会って冷静になれなんて無理だよ。とてもじゃないが、平常心を保つなんてできない。しかし、人間が興奮して叫んだり物を投げたり、いきなり逃げ出したりすれば、冷静な熊も興奮して襲い掛かってくるに違いない。かくなる上は熊のぬいぐるみの観光イベントだと思って平常心を保つしかあるまい」

そして最後の指示事項が告げられた。

「万が一、熊に持ち物を取られた場合は、あきらめて下さい」

なんとなく、熊から諭されているような気がした。おそらく、奪われた物を取り返そうと、熊を追いかけて酷い目にあった観光客がいたのだろう。結局、このアナウンスの衝撃でお土産を買う気がなくなってしまったが、人生の教訓を悟ることができた。

第一の悟り。買った品物を手にしてぶらぶらさせないこと。自分の成功や功績を誇らしげに人に見せつけないこと。妬みや嫉《そね》みを買い、足を引っ張られる。傲慢は不幸の落とし穴になるのである。

第二の悟り。熊と出会ったら冷静になること。自然界には熊は至るところにいる。家で待ち受けている〝妻熊〟は口に鋭い爪があって、一撃で夫を倒すことができる。妻に反論できないと八つ当たりする〝夫熊〟もいる。どちらも怒って興奮すれば、爪跡、傷跡が絶えないのだ。

互いに熊のぬいぐるみ、だと思い込んで平常心を保つべきである。感情に走って「ガオー」などと吠えないことだ。熊は〝熊語〟でしか吠えないが、人間は多様な言葉で相手を二度と立ち上がれないように吠えることもある。その意味で、人間は熊より狂暴で攻撃的なのだ。

第三に、与えたものは忘れるべきである。文先生は、「愛は与えて忘れなさい」と言われている。熊に奪われたのでなく、自分から与えたのでもっと与えてあげたい、と思えばいいのだ。

そんな思いで夫に向き合えば、夫がクマのプーさんに見えてくるはずである。

20 人を愛すれば心が美しくなる

◎あなたの夫は野獣ですか？

ディズニー映画の傑作「美女と野獣」。魔法によって野獣に変えられたイケメン王子が美しい村娘を愛し、愛されて王子に戻って結ばれる感動的な話です。

「そんなの映画だけの話よ。うちは逆。夫を素敵な王子と思い込んで結婚したら野獣に変わったわ」

初めから野獣だったのか、奥様が野獣にしてしまったのか、深い事情は分かりません。しかし、この映画の真意は、真の愛で愛すれば、どんな男性でも〝すてきなイケメン〟に変えることができるということです。

真の愛には人を変える魔法の力があります。人の心を変えて容姿や人生までを変える素晴らしい力が込められているのです。真の愛の本質は「自分の命よりも相手の幸せを優先することである」と文鮮明先生は語っています。

しかし、イケメン王子はワガママで傲慢で人を愛することができなかった青年でした。心が野獣だったのです。だからこそ、魔法によって自分の心そのままの野獣に変えられてしまったのです。

もしも、人間が心のままの生き物に変形したらどうなるでしょうか。人を騙すことしか考えないオレオレ詐欺の常習犯は、醜《みにく》い狸か狐のような姿になるでしょう。(注、この言葉は狸や狐に失礼です。彼らは人を騙すことをしません)

落語にも、自分の子供が人間に騙されて酷い目にあった母狐の話があります。悔しさを込めて母狐は子供に諭します。

「坊やたち。人間に近づいたら駄目よ。だまされるからね」

詐欺師による犯罪が絶えないのは、心は野獣なのに、人間の目には優しい人間に見えるからです。

一説によると、死後、あの世では魂の形が、心のありのままの状態に変形するそうです。人を騙すことが性根になったまま、あの世に逝った人達は野獣の姿に変わってしまうと言うのです。他人の欠点を捜しだし、言葉で激しく噛みついて傷つける人は、恐ろしい狼の姿に変身するのではないでしょうか。怨みや憎しみを抱いたまま逝った人は、おぞましい形相に変形して、野獣が怖がって逃げ出してしまうでしょう。

話を「美女と野獣」に戻します。野獣に変えられた王子は、命を捨てて村娘を愛し、娘もまた命がけで野獣を愛します。その愛によって野獣の王子様をイケメンの王子に変えるのですが、元の自己中心的な青年ではありません。真の愛で人々を愛する立派な王子に成長していたのです。

文鮮明先生は語られています。

「苦労することは　心を大きくすることであり　人を愛することは　その大きな心を美しくする

ことです。」（『真の愛の香り』12ページ）

奥様、あなたの真の愛で、どんなご主人もイケメン王子に変えられるのです。そのためには、まず夫への噛みつき癖があって、少しだけ野獣に近いあなたの心を、夫への真の愛で変える努力が必要です。自分自身が心の美女になるのです。

実は、自分を美女に変身させる、とっておきの魔法の力があるのです。真の愛の記録である文鮮明先生の自叙伝を読んで、聞いて、書いてみてください。気が付けば、あなたの前に夫という素敵な王子様を見出すことでしょう。

21 私を憎む者までもひたむきに愛そう

◎裏切られても信じつづける

人を疑い、憎悪にかられた青年が夜遅く下宿に帰ってきました。鍵を開けて部屋に入った瞬間、部屋の片隅に何者かの不気味な気配を感じました。「誰かいるのか」と叫びました。

何者かは薄気味悪い声で、「俺は悪魔だよ」と答えました。青年は「なんで、俺の部屋に黙って入ったんだ」と尋ねてみました。

「お前の部屋が気持ち良くて、心が落ち着くからさ。掃除せず、雑然として、ゴミのたまった悪臭の漂う部屋は俺の大好きな部屋なんだよ。それでときどき、仕事の合間に休ませてもらってたんだ」

青年は怒って叫びました。

「仕事って何してんだよ」

悪魔は答えました。

「憎しみで復讐にかられた人間たちの願いをかなえてやることさ。これも人助けってもんだぜ。

誰かを怨んだ瞬間、俺に緊急要請メールが入るんだよ。そしたらすぐに駆けつけて、そいつの心に入って、相手を傷つける言葉をひらめかせ、口から出させて、時には手足まで動かして暴力振るわせるってサービスをすることもあるがな。まあ、日ごろの悪口陰口のポイントがたまってる場合だけだがな」

悪魔はここまで語ると少し疲れたようで、ふうっとため息をしました。青年は不審に思って「霊のくせに疲れんのかよ」と言うと、悪魔はうらめしそうな顔で言いました。

「何千年前は人口が少なかったから仕事のオファーも少なかったんだが、最近では人類がやけに増えやがって世界中に広がり、毎日どっかで俺を呼びやがる。夫婦喧嘩から始まって国際紛争にいたるまで、毎日残業につぐ残業で休む時間がなくなってきて、さすがの俺も少し疲れてきたんだよ。それでお前の部屋で休んでいたわけよ。人を信ぜず疑って心はすさみ、部屋は荒れ放題。俺はそういう奴が大好きなんだ。おっと、話の途中だが緊急メールだ。姑の言葉が気に入らず、ひどい目にあわせたいという嫁の要請が来てるぜ。じゃあ、願い事をかなえてやるか、少し休んだおかげでパワー充電できたぜ、ありがとうよ」

いつの間にか悪魔は去っていきました。小説風に悪魔について書いてみました。

悪魔の実在とその働きを解明したのが文鮮明先生です。『原理講論』という本に詳細に書かれています。不幸の根本原因を知るための必読書であり、悪魔が絶対に読んでほしくない本です。

では、悪魔はいつ人の心に入るのでしょうか？　それは人から裏切られた時です。「許せない、仕返ししたい」と憎悪にかられた瞬間、侵入するのです。悪魔のペースで暴言を吐き、暴力を振るい、取り返しのつかない悪行をしてしまうのです。

そんな時、文鮮明先生が15歳の時作られた詩「栄光の王冠」を口ずさんで下さい。きっと心が落ち着き、悪魔は退散するでしょう。

「だまされても、信じなければ　裏切られても、赦さなければ
私を憎む者までも、ひたむきに愛そう　涙をふいて、微笑んで迎えるのだ
だますことしか知らない者を　裏切っても、悔悟を知らない者を
おお主よ！　愛の痛みよ！　私のこの苦痛に目を留めてください
疼《うず》くこの胸に主のみ手を当ててください　底知れぬ苦悩に心臓が張り裂けそうだ
されど、裏切った者らを愛したとき　私は勝利を勝ち取った
もし、あなたも私のように愛するなら　あなたに栄光の王冠を授けよう」（『自叙伝』64～65ページ）

言　葉

22 言葉には魂があります

◎〝心の体〟は目と耳で言葉を食べている

体の健康はどうしたら保たれますか？

言うまでもなく食生活です。栄養価の高いもの、新鮮な食材を継続的に摂取することです。消費期限がはるかに過ぎた牛肉や泥のついた野菜、ましてや、毒で盛り立てた刺身など、絶対食べないでしょう。

では、心の健康はどうですか？

心にも体があるのです。心が傷ついたとか心が乾いたとか、心が満たされないとか言うじゃありませんか。では、〝心の体〟はどうしたら健康になるのでしょう？　やはり食生活なのです。

「えーそんなバカな、どうやって食べるの？」と言いたいですよね。心の体の健康も健全な食生活から成り立っているのです。実は、心の体は言葉を食べて維持しているのです。

では、どこで体に吸収するのでしょう?

〝心の体〟は、目と耳から吸収するのです。目と耳で言葉を食べているのです。読書とは目で食べる心の食事です。美しい言葉、愛のある言葉、元気になれる言葉を見て心に吸収すれば健康になるのです。

そして音読です。自分の声を自分の耳で聞きます。耳で言葉を食して心に吸収するのです。美しい言葉、愛のある言葉を読んで聞けば、美しい心、愛のある心の健康優良児になれるのです。逆に、汚い言葉、憎しみの言葉を見て聞けば、心も汚れ、傷だらけになります。

だから人生に絶望した時、不幸だと感じた時、元気と希望を与える栄養価の高い言葉を見て聞くべきです。まさに、言葉の健康療法です。

文鮮明先生は「言葉には魂があります。」(『自叙伝』289ページ)と言われます。言葉には語った人の魂が込められているのです。語った人に愛の魂があれば、言葉を通して、見た人、聞いた人の心に吸収されていくのです。

今から2500年前、インドでお釈迦様が人々への限りない慈しみをもって言葉を語られました。お釈迦様の言葉はお釈迦様の慈悲の魂が込められているのです。

その言葉を読経し写経すれば、心が浄化されます。現代でも、お写経で多くの人々の悩みが克服されています。

また2000年前には、イエス・キリストが神の愛を説き、実践されました。しかし、人々から裏切られて処刑されました。それでも、イエスは許し愛しました。

イエス様の言葉を記したのが新約聖書です。世界中の人々がイエス様の言葉を読み聞きして、復興してきました。そのイエス様から、15歳の時に「苦しんでいる人類を救って神様を喜ばしてさしあげなさい」と天命を受けたのが文鮮明先生です。それ以降、先生は全身全霊で真の愛の生涯を貫かれました。

『自叙伝』は「真の愛の記録」です。『自叙伝』の言葉には、真の愛の魂が込められているのです。『自叙伝』を読み、音読し、さらに書写するのは、最高に栄養価の高い極上ステーキを食べるようなものです。ちょうどナイフやフォーク、箸をもって食するように、手で筆をとって書くことにより、言葉の消化がよくなり、血となり肉となるのです。

さあ、今日もおいしい言葉をいただきましょう。

23 良い言葉の種をまこう

◎「良い種、良い花、良い野菜」

北海道の街並みを走っている時、花を育成販売している店の看板に惹きつけられた。誠に良い言葉が書いてある。

「良い種、良い花、良い野菜」

良い花も、良い野菜も、良い種から、ということなのだ。

そして良い花とは、美しい花であるということだろう。なぜ花は美しいのか？　１００％人のために咲いているからである。美しいとは、私心、我欲がなく、ひたむきに人のために生きることだ。花は自分で自分を見ることができない。花を見るのは人間であって、花自身ではない。自分のためには咲いていないのだ。しかも花は花同士、比較して嫉み妬みを持たない。汚れなく、天から与えられた時の天分を全うしている。

そして「良い野菜」とは、人間の栄養になる、ということであろう。花は見られて人のためになるが、野菜は食べられて人のためになる。自分の命を１００％人間に捧げているのだ。

自己犠牲という点では、花に優っているかもしれない。まさに、花より野菜（団子）である。天命通りに死を素直に受け入れ、人にすべてを捧げている。しかも、野菜同士がお互いを比較して批判し合ったり、卑下し合ったりしない。

それでは人間はどうであろう。花よりも美しく、野菜よりもために生きているだろうか。否、自己中心の我欲と嫉み妬みでもがき苦しんでいる。だから、良い種が最も必要とされているのは人間なのだ。

では、「良い種」とは何だろう。それは、良い人の魂の込められた〝言葉〟のことである。そして「良い人」とは、花のように美しく生き、野菜のように人のため〝犠牲的な生き方〟をした人のことだ。

イエス・キリストは、今から2千年前の人だが、その言葉は現代人に勇気と希望を与えている。釈迦や孔子もまた、ために生きた聖なる人たちであった。彼らの言葉は時を超え、国境、民族を超えて、多くの人々に人生の指針を与えている。

医師・日野原重明さんはこう言っている。

「先人のことばは、僕たちを絶望の淵から救う力も持っています。けれど、せっかく本を読んでも、そのことばをしっかりと胸に刻み、現実の生活や実際の行動に結びつけなくてはその価値は半減するでしょう。」（日野原重明著『いのちの使い方』小学館文庫、１３３ページ）

そして文鮮明先生は、現代の聖人とも言うべき方である。15歳のとき、イエス・キリストより「苦しんでいる人類を救って神様を喜ばしてさしあげなさい」との天命を受けて、人類の幸福と世界平和のために献身された。

その文先生の、ために生きる魂を自分の心に刻むのが、心の書写である。文先生の言葉の種を、自分の心に蒔いて、人生の花を咲かせ、人のために生きるのである。私たちの心は、人生の苦難で枯れ果て、荒み切っている。

何度も何度も書写して蒔き、根付くまで書写し続ける。やがて、良い言葉が私の心になる瞬間が来る。その時、花よりも美しい心となり、野菜よりもために生きる心になるのである。

24 愛を中心として言葉を語る

◎家族こそ繊細な言葉のやりとりが必要

健康、美容のためにダイエットを試みる婦人がいます。幸福のために大切な努力だとは思いますが、もっと即効性のあるダイエット法があります。それが言葉のダイエットなのです。口から出る言葉を今より減量することです。

人を傷つける言葉、人を嫌な気分にさせる言葉を減らし、できればしゃべらない、ということです。「そんなこと言ったらしゃべることなくなるじゃない」なんて悲鳴をあげる婦人がいるかもしれません。

そうです。思いのまま、感情のまま、ありのままにしゃべって不幸になるくらいなら、黙っていた方がいいのです。

怒り憎しみの感情のまま出た言葉は、人を傷つける凶器になってしまうのです。言葉にはとても危険な要素があります。取り扱い注意なのです。言葉は一旦口から出たら、もはや、自分では主管できないからです。燃えるゴミや燃えないゴミは、市が毎週回収に来ますが、悪い言葉の回収日はないのです。

恐るべきは、見えない言葉のゴミなのです。ゴミは必ずバイ菌をひきよせて、健康を害します。同じように、不用意に感情のまま語った言葉は、聞いた人の心で増殖して、憎しみや怨みになるのです。

文鮮明先生は「私たちの同僚関係においても、一言間違って失敗すれば、その一言間違ったことによって、その関係が壊れることもあります。もし言葉を一言間違えれば、その言葉を言った人も苦痛を受け、その言葉を聞く人も苦痛を受けるのです。」（『愛天愛人愛国』61ページ）と語っています。

人間関係の中で、もっとも愛ある言葉を使うのが夫婦関係です。もっとも美しい言葉のやり取りをするのが親子関係です。もっとも思いやりを要するのが嫁姑です。家族関係こそ繊細な言葉のやり取りが必要なのです。

愛と思いやりをもって家族同士が語り合えば、互いに励まし勇気づけることができます。愛ある美しい言葉遣いこそ、家族愛の実践なのです。

神奈川県小田原市にお住まいのご夫婦の話をしたいと思います。この夫婦は結婚して40年になりますが、激しい夫婦喧嘩をしたことがありません。かといってそれほど仲が良いわけでもなく、会話もほとんどない夫婦だったのです。それというのも、奥さんは大変なおしゃべりで、夫が一言言うと十言は言い返していたのです。

でも夫は言い返しませんでした。そのため奥さんは、夫は無口な人だと思い込み、決めつけていたのです。さすがに会話のない夫婦関係が40年間も続いたので、喜びを感じられなくなってきた奥さんが、知人から文鮮明先生の自叙伝を紹介されたのです。

そこにあった「訪ねてくる人には、三歳の子供であろうと腰の曲がった目の遠い老人であろうと、愛の心で敬拝し、天に対するように仕えました。（中略）人は誰でも尊いのです。人が尊いことにおいて、老若男女に差はありません。」（『自叙伝』97ページ）に感動したのです。

そして気づいたのです。

「喧嘩をしないことが夫婦円満ではない。夫は本当は無口ではないのかもしれない。私がしゃべりすぎて夫の会話を止めているのかもしれない」

そこで食事の時、自分が喋らず、夫に問いかけるようにしたのです。

「へぇー、それからどうなったの」

すると夫はまるで子供が「お母さん聞いて聞いて」と甘えるようにどんどん話すようになったのです。それからというもの、夫婦の会話は大いに弾むようになり、心の通い合う幸せな夫婦になったというのです。

25 私の辞書に「私さえ幸せに暮らせばよい」はない

◎我欲のゆえに再度地獄に転落した男

読者の皆さん、『蜘蛛の糸』という小説を知っていますか。そうです。芥川龍之介の短編小説です。極楽浄土でお釈迦様が散歩されていた時、蓮池で足を止めました。その池のはるか下には地獄があるのです。

蓮の葉の間から下を覗《のぞ》いてみると、血の池地獄で一人の男が苦しんでいました。あらゆる罪をすべて犯した極悪人でした。

お釈迦様は慈悲慈愛の心から男を救おうと思われました。そこでこの男の生涯を検索してみたら、歩いている時、一匹の蜘蛛を踏み殺しかけたが殺さなかったという些細な善行があったのです。お釈迦様は、このわずかな条件で救おうと極楽から蜘蛛の糸を地獄にいる男の前に垂らしたのです。

血の池地獄で苦しんでいた男が、ふと見上げてみると、目の前に一筋の糸が垂れてくるではありませんか。どうやら天上の極楽に通じているようです。男は糸をよじ登っていけば助かるに違いないと確信し、これにしがみついて登っていきました。大泥棒なので得意わざだったのです。ところが、途中でふと下を見て仰天しました、なんと、地獄で苦しんでいた数え切れない罪人たちがよじ登ってくるではありませんか。このままでは糸は切れてしまうかもしれません。

自分さえ救われればいいと思っていた男は大声で叫びました。

「こら、罪人ども、この蜘蛛の糸は俺のものだぞ。下りろ、下りろ」

その瞬間、彼の目の前でプツンと糸が切れてしまい、真っ逆さまに元の地獄に堕ちていったのです。救いの手が差し伸べられても、我欲のゆえに再度地獄に転落した男を見つめながら、深い憂いをただよわせて、お釈迦様は池から立ち去りました。

「自分ばかり地獄からぬけ出そうとする、犍陀多《かんだた》の無慈悲な心が、そうしてその心相当な罰をうけて、元の地獄へ落ちてしまった」（『蜘蛛の糸』）

この話は神様の救いの愛と人間の救われがたい我欲を表しています。神様は如何なる罪悪人間にも小さな善行を条件として、救いの糸を垂らそうとしているのです。

では、その救いの糸にどう私たちは向き合ったらよいのでしょうか？　蜘蛛の糸の男はどうしたら極楽浄土に行けたのでしょうか？

答えは歴然としています。

苦しんでいる隣人たちに救いの糸を知らせ、一緒に登っていこう、と言えばよかったのです。この糸が自分のためだけではなく、苦しんでいるすべての人達に垂らされたのだと悟ればよかったのです。自分だけが救われるのではなく、隣人と一緒に救われることを望めばよかったのです。自己中心愛から隣人愛に転換すればよかったのです。

天が願っていたのは彼の心が変わることだったのです。たとえ、天が救いための機会を与えたとしても、為に生きる心がなければ、天国に入ることはできません。

文鮮明先生は「『私さえ幸せに暮らせばよい、私の家庭さえ守ればよい』という言葉は、私の辞書にはありません。」（『自叙伝』229ページ）と言われています。

26 男と男の誓い

◎恩を受けたときは、必ず大きく返すのが人の道

28歳で家具の製造販売をして、順調に収益を上げていた男がいた。成人式に参加した仲間では、出世頭であり得意絶頂だった。

ある日、彼が会社に行くと、信頼していた経理がいない。数百万を横領したあげく、不渡り手形を乱発していたのである。

会社は一夜にして倒産。天国から地獄へ叩き落とされた。悔しさと絶望で毎日酒を浴びるように飲み、喧嘩で生傷が絶えず、家族を怒鳴りつけ、八つ当たりする日々が続いた。

債権者が容赦なく追い立てるので、妻と子ども三人を実家に帰し、ひとりで親戚の家を転々と逃げ回った。そんな日々に生きる希望をなくし、自殺を決意する。線路に横たわってみたが、死の恐怖で立ち上がり逃げ出した。

ある日、噂を聞いた高校時代の親友Kが声をかけた。

「だめじゃないか、死ぬなんて。男のくせに卑怯だぞ。君が死んだら残された家族はどうなるんだ。

死んだつもりで、僕の工場で働いてみないか。ただし、酒を飲まないと誓ってくれ」

Ｋの好意でようやく働くことができたものの、彼の荒んだ心は回復しなかった。密かに飲み屋に行って酒を飲んでいるといきなりＫが彼を外に引きずり出し、胸倉をつかんで思いっきり平手で顔を叩いた。そして泣きながら訴えた。

「おい、酒をやめると言ったじゃないか。男と男の誓いだぞ。田舎にいる奥さんや子供のことを考えてやれよ」

彼はＫの真剣な熱情を感じて泣いた。

「すまなかった。もう二度と酒は飲まない」

それ以後、彼は、酒は一滴も口にせず、働きに働いた。そして5年経って家族を呼び寄せ、再び人並みの生活ができるようになった。そんなある日、妻が意外なことを言った。

「あなた、Ｋさんにお礼をしてくださいね。実は、黙っているように言われていたんだけど、Ｋさんは5年間、私たちの生活費として毎月3万円送って下さっていたんですよ」

彼は仰天した。まさかと思った。

「Ｋは俺の仕事を世話しただけでなく、妻子の生活費まで送ってくれていたのか…」

彼はＫにお礼をして聞いた。

「君はなぜそこまでして俺と家族の世話をしてくれたのだ」

Ｋは答えた。

「君はもう忘れたのかもしれない。成人式の時だ。僕は貧乏で背広が買えず、古びたジャンパー姿だった。そんな惨めな姿で記念写真に写るのが辛かった。その時、君は新調したばかりの背広を『これを着たらいい』と言って渡してくれたじゃないか。僕は心で泣いて感謝し、君がいつか困った時は必ず助けてやると誓ったんだ」

文鮮明先生は自叙伝の中で言われている。

「いくら小さなことでも、いったんお世話になったら生涯忘れることができません。年が九十歳になった今も、いつ誰が何をしてくれたか、また、いつ誰がどのようにしてくれたか、すらすら話すことができます。私のために労苦を惜しまず、陰徳を施してくれた人たちを生涯忘れることはできません。陰徳を受けたときは、必ず、もっと大きくして返すのが人の道です。」（『自叙伝』77ページ）

27 幸運朝採り生活習慣を

◎心を洗い、磨き、整え、満たす

「レタスは朝採りに限る。午前5時。しんと冷えた空気の中で、朝はライトに照らされる。レタスは暑さに弱い。だから、太陽の熱で味が落ちる前に収穫しなければならない。目をかけ、手間をかけ、まさに今日、いちばんおいしくなったレタスをひとつずつ手で摘み取る。この畑の朝露とともにレタスは街へと運ばれていく」――国産生野菜を宣伝するポスターの名文句である。

レタスが最も味を濃くするのは早朝であり、そのため、「朝採り」こそ最高の消費者への奉仕であると強調している。そして朝が重要なのは、人間の人生においても同様である。

文鮮明先生は「一日一年」と言われる。一年が春、夏、秋、冬と四季を巡る中で、春に種が蒔かれ、秋に収穫されるように、人の人生の一日も朝（春）に愛の種を蒔き、夕方（秋）に幸福として花開き収穫されるべきなのである。

健康的観点から見る時、私たちが毎朝している習慣がある。まず朝起きて、顔を洗い、歯を磨く。さらに、鏡を見て髪を整え、朝食を食べてから職場や学校に行ったり、家事をしたりする。つまり、汚れを清め、乱れを整え、空腹を満たすことを繰り返し健康を保っているのだ。心も同様に、朝起きたら、その汚れを洗い清め、乱れを整え、空虚さを満たす必要がある。

昨日までの怒り、憎しみ、恨み、嫉妬、孤独などで汚れ、乱れ、空っぽになった心を洗い、磨き、整え、満たしてから外界に出発するのである。

心の汚れとはすなわち、不平不満の心に尽きる。ゆえに朝起きたら、報恩感謝する心の習慣を身につけることこそ、心洗い、心磨き、心整え、心満たしになるのである。これこそが、幸運朝採り生活の極意である。

「報恩」とは、恩を感じてお返しするということだ。報恩の心こそ、人として幸福になるための道理である。世話になって恩を感じない人、すぐに忘れる人に運が訪れるはずはない。

今年7月の西日本豪雨で、孤立した広島県呉市にボランティアで青森から14時間かけて自動車で駆け付けた24歳の青年がいたそうである。

彼は「東日本大震災の時、広島の人たちにお世話になった恩返しに来ました」と言ったという。恩を感じるだけでなく、お返しする心、これが「報恩」の心である。

まずは、天の父母である神様に感謝する心が幸運を引き寄せる。人は自分の力で金を稼いで、生活しているように見えるが、お金を吸って生きているわけではない。吸っているのは「空気」である。天地創造の神様がお造りになった空気や太陽の光と熱で生かされている。

これらはすべて無料である。人はタダで生かされているのだ。せめて「報恩感謝の心」の支払いくらいはすべきである。それさえも節約する人は、幸運も節約しているのだ。

朝起きてまず、報恩感謝する生活こそ幸運朝採り生活なのだ。

心を洗う、心を磨く、心を整える、心を満たす。これが幸運生活習慣なのである。

28 不平を言いたい時に感謝する生活を

◎災い転じて福となす

「災い転じて福となす」という諺があります。とは言え、あらゆる災いが必ず福となるとは限りません。場合によっては、一つの災いがさらなるもっと大きな災禍に繋がることもあります。

災いが福となるためには妙薬が必要です。それが「感謝の心」です。

ある青年がいました。彼は感謝という言葉が、擬人化したような謙虚な人です。良い出来事が起これば、神様と先祖、家族、みんなに感謝します。そして、日常生活が送れることにも感謝します。起きて感謝、食事ができて感謝、仕事ができて感謝、妻や子供がいることに感謝、「すべては感謝」の生活をしていました。

ただ貧しくて、中古の乗用車を運転していたのです。解体処分寸前で譲り受けた車です。それでも感謝していましたが、仕事に支障をきたしていたので、「安心して乗れる中古車が欲しい」という願いを持っていました。

その願いが衝撃的な事故と共に叶う日がきます。

その日、助手席に彼の友人が乗りました。友人はシートベルトを締めながら、頭に手をやり、得意げに髪をなでるのです。いかにも「素晴らしい髪でしょう」と誇っているようでした。黒く、ふさふさした髪だったのです。

二人を乗せた車が四つ角で停止した、その時です。後ろから、大型ダンプが衝突したのです。轟音と共に衝撃が走り、後部座席は大破。もし、後部に人がいれば、間違いなく即死したでしょう。彼も衝撃で一瞬気を失いかけましたが、かすり傷一つありませんでした。奇跡です。

しかし、本当の驚愕的事故はその次に起こりました。彼は隣の助手席を見て驚きます。座っていたはずの「人」？が、いないではありませんか。衝突の衝撃で、前方のガラスをぶち破って体ごと吹っ飛んだのか？

ところが、ガラスは割れていません。よく見ると、シートベルトをしたまま、頭を両手で覆ってうずくまっている「タコ」がいたのです。

「タ、タコが同乗している…!?」

よく見ると、友人だったのですが、「タコ」に見えたのです。なぜなら、頭に髪の毛が一本もなかったからです。

恐怖で髪の毛が白く変色した事例はありますが、白いどころではありません。髪の毛が皆無なのです。恐怖と衝撃で、髪が抜けてしまったのか？

「ど、どうしたんですか？」と恐る恐る尋ねると、友人は「か、かつらが、ふっ飛んでしまった」

と恥ずかしそうに、うめいたそうです。

あの、ふさふさした見事な髪は、実はかつらだったのです。かつらは取れましたが、それ以外は無傷でした。追突したのは大手建設会社のダンプで、相手方の過失だったこともあり、損害賠償金などで新品の乗用車を買うことができました。

彼は言います。

「私にも、神様と人を傷つけたことが多々あります。こういう形で過去を償い、願い事をも叶えて下さった神様に感謝です」

隣の友人が、タコ？になった衝撃の事故を、感謝し続けています。

日頃から感謝の生活をしていれば、災いもまた、転じて、福となるのです。

「不平を言えば地獄であり、不平を言いたい時に感謝していけば天国に行くのです。」（『愛天愛人愛国』１５０ページ）

29 感謝する心が支柱になる

◎幸福を呼ぶ万能の言葉「ありがとう」

どうしたら幸福になれるの？

答えは簡単です。世の中にこれほど簡単な答えはありません。口を毎日磨けばいいのです。

「え、うっそー。私、毎日、歯を磨いているけど幸福になってないよ」と若い婦人なら言いそうですね。歯でなく、口を磨くのです。口は幸福の入口、出口、玄関口なのです。口から幸福が出たり入ったりするのです。

正確には口から出る言葉を磨くのです。毎日歯を磨かないと虫歯になって苦しむように、言葉も毎日磨かないと、不幸になって苦しむのです。

「じゃあ、言葉を磨くってどういうことなの？」そう言いたくなりますね。歯を磨けば汚れが落ちてきれいになるように、美しい言葉をたくさん語ることなのです。

口から出る言葉は語った人を幸福に導きます。聞いた人も幸福になれます。

幸福をもたらす万能の言葉が「ありがとう」です。幸せな夫婦は「ありがとう」を言い合う夫婦です。幸福な親子は「ありがとう」を連発する親子です。そして幸せな嫁姑は「ありがとう」を授けあう嫁姑です。

ありがとうおばあさんのお話。「ありがとう」を言い続けて、幸運を引き寄せたおばあさんがいました。おばあさんには息子夫婦と三人の孫がいました。近くに住んでいながら、孫が訪ねてきません。孫と会うのが楽しみのおばあさんはとても寂しがっていました。

「なぜ、可愛い孫が来ないのか。それは決まっている。あの嫁が邪魔しているのだ」

こう思い込み、決め付けたおばあさんは毎日、嫁を憎みました。そのため、口から出る言葉は嫁の悪口ばかりでした。

「悪い嫁、憎い嫁、出来の悪い嫁、気が利かない嫁」

その結果、ますます、嫁も孫もおばあさんの家には来なくなりました。

ところが、ある事をきっかけに、おばあさんは「嫁の悪口を言い続けても幸福になれん」と悟り、今度は「ありがとう」の言葉を何回も言ってみることにしたのです。なんと、一日に千回繰り返したそうです。他にすることがなかったのかもしれません。

すると驚いたことに、ある日、孫が一人、おばあさんを訪ねてきたのです。おばあさんは驚き喜びました。そして小躍りしながら、ひらめいたのです。

「ありがとう千回で孫ひとり、ひょっとすると…」

結構、計算が得意なおばあさんなのです。

次の日から、なんと一日三千回唱えたそうです。そんなある日、ついに奇跡が起こったのです。三人の孫が嫁付きで、おばあさんを訪ねてきたのです。そればかりではありません。嫁からのお小遣いもベースアップしたのです。そのお小遣いで孫にプレゼントして、さらに孫から慕われるようになったのです。「ありがとう」の言葉が奇跡をもたらしたのです。今では、何万回も唱えているそうです。

文鮮明先生は「愛の心、真実をもって接しなければなりません。話をするにしても、一日に良い言葉を三回ずつ継続して言ってみてください」(『愛天愛人愛国』59ページ)と言われています。

そして文鮮明先生は、感謝の心についてこう語られています。

「忍耐して辛抱したとしても、忍耐して辛抱していないかのように感謝する心と、賛美する心をもつのです。不平を言いながら忍耐すれば、神様が来る途中で逃げていかれます。忍耐して辛抱するときは、感謝する心が必要です。感謝する心がなければ、忍耐することができません。感謝する心が支柱になれなければ、忍耐したとしても、そこには神様が一緒にいることができません。」(同、150ページ)

第二章

自叙伝書写体験談

「自叙伝　心の書写」とは？

世界的宗教指導者である文鮮明師の著書「平和を愛する世界人として　文鮮明自叙伝」の中の一つの言葉を用紙に書写するという心の修養。言葉を書き写すことを通して、文師の愛の心を自分の心に書写しようとするもの。

30 母親のことが許せるように（新潟県Kさん）

◎夫との死別乗り越え、心の平穏取り戻す

私と夫は再婚同士です。夫は前妻を30代で亡くして、４人の子供を一人で育てていました。私はそんな夫を支えてあげたいと思い、結婚しました。

しかし、結婚してわずか10ヵ月後、夫は大動脈剥離で亡くなってしまいました。残された私は、高２の長男を筆頭に、４人の息子たちを抱え、途方に暮れました。

子供たちには「お母さん、僕たちと一緒に暮らして欲しい」と哀願されましたが、すぐには返事ができませんでした。児童相談所の方からも、「よく考えてから決めた方が良いですよ」と助言していただいたり、いろいろと相談に乗ってもらいました。

「私ひとりが生きていくのにも大変なのに…」とも思いましたが、子供たちの気持ちに応えたいと最後には決心して、一緒に暮らそうと頑張ってきました。

しかし、夫を失った悲しみと将来への不安の中、仕事も時々休んだりしました。生活費を稼がなくてはならないのに、心身ともに手一杯になっていたのです。

そんな中、心の書写を毎日、ご報謝を捧げながらしていくと、少しずつ心が穏やかになっていくのがわかりました。

ところが私は、夫が亡くなってから、三つの仕事を掛け持ちしていたため、無理がたたったのか、下痢が止まらなくなりました。さらには生理も止まらなくなったのです。

実は私は夫と結婚して間もなく、自分の子宮に筋腫があることがわかっていたのですが、あらためて診断を受けるとその筋腫がかなり大きくなっていました。

病院の先生から手術して切除した方が良いと言われ、その日取りも決めました。私は内心、書写をしながら「良くなってくれたらいいのになあ」と願っていました。すると、何となく体調も良くなってきて、不思議と気持ちが落ち着いていきました。

そして、手術前の最終チェックの検査に行った時のことです。先生が画像を見て、「無いですよ。筋腫が消えています」と物凄く驚いて叫びました。

「では先生、手術しなくていいんですね」

「はい、しなくても大丈夫です」

嘘のような本当のことでした。書写を続けてきて、「きっと神様が働いて下さって、私の身体を良くして下さったんだ」と心から感謝しました。

子供たちも本当に喜んでくれました。それからもう一つ、書写をしていて良いことがありました。

私は子供のころ、実の母親から虐待を受けていました。具体的に話せば、皆さんが卒倒するだろう少し前までは、母に電話を掛けても、娘の私からだとわかると、途端に電話を切っていました。でも、心の書写をしていく中、「母には母なりの事情があったのかもしれない。子供をどう育てたらよいかわからなかったのではないか。私も4人の息子たちをどう育てたらよいかわからなかったように、母も悩んでいたんだろう」と、少しずつ許せる気持ちが出てきました。

最近では、私の心が変わってきたせいなのか、母から電話が来るようになりました。今では一緒に食事をして、私に洋服まで買ってくれるようになりました。このようになれたのも心の書写のお陰だと感謝しています。

31 和合し、一つにさせる神様の愛（広島県Tさん）

◎「正しく生きる」ことで見えてきた感謝

２０１８年7月初旬に発生した西日本豪雨災害で、私の実家は床上1メートルの高さまで浸水する被害に遭いました。実家に母一人しかいない時に停電になり、津波のような水が家に押し寄せてきたのです。

母は73歳で両手にリュウマチを患っていましたが、水が床上まで浸水してくる中、文鮮明夫妻のお写真とみ言葉集を持って二階に上がり、難を逃れました。

母は日頃から、文鮮明先生のみ言葉を音読することを心の支えにしていたからです。それらを持って母は長い夜を、暗い二階の部屋で一人過ごしました。

私は翌日の早朝、駆け付けてくれた弟と一緒に実家に向かいました。しかし、水もまだ引いておらず、あらゆる場所が通行止めになっていました。

たくさんの土砂が道を流れていて、近所の車も水に浸かって横転。手の施しようのない光景に、これは夢ではないか。夢であって欲しいと思い、ただただ茫然とするしかなかったのです。

それでも膝まで水に浸かりながら、何とか実家までたどり着きました。すると家の周りは泥だらけでぐちゃぐちゃになっていて、特に一階の部屋は水浸しで半壊状態になっていました。そんな中でも、母が無事だったことは本当にありがたく、神様に感謝しました。

その日から、私たちは泥をすくって母が通る道を作ろうとしました。しかし、あまりの大量の泥と慣れない作業で体は痛いし、暑いし…。この状況をどうしたらいいんだろうと途方に暮れてしまいました。

そして復旧作業の疲れがピークになる頃、私の中に「何でこうなるの。何で！何で！」という思いが湧いてきて、母を傷つける言葉を何度も言ってしまいました。そんな時、毎日書写している「私は正しく生きているか」の言葉が、私に悟らせたのです。

災害に不平不満を抱き、家族に苛立って暴言を吐くことは決して「正しく生きる」ことではない。災害を天意として甘受し、感謝すべきことを探そうと決意しました。すると、たくさんの感謝が見えてきました。

疎遠だった弟と意思疎通ができたこと、町内近所の人たちと親しくなれたこと、全国からボランティアの方々が駆けつけてくれたこと、それら一つ一つに人の温かい愛の絆が感じられました。そして、家族と近所の方々を和合して一つにして下さる神様に気づくことができました。

最初は「どうして私ばかりがこんな目に遭うの？」と神様を恨みたくなるような私でしたが、今の環境に感謝しながら、できる事を精一杯やることで家族が一つになれました。

災害に遭った時は、「こんな所にはもう住めない」と思っていましたが、周りの人たちの温かい情に触れて、もう一度、この場所からやり直して行こうという気持ちになりました。

背後で導いて下さった神様に感謝し、書写の御言葉を通じて力を頂き、支えられ、全てに感謝することができたこの期間でした。

32 至らぬ妻、母だったと気付く（広島県Oさん）

◎家族3人の書写で絆が強まる

私には27歳になる一人息子がいますが、中学2年生の時、不登校になりました。クラスメイトからいじめられ、息子は大変傷ついていたのです。

息子は少し太っていたので、「デブ」とか「バイキン」などと呼ばれていたそうです。息子は毎朝、家を出発していましたが、どうしても学校には行けないので、公園のトイレの中で長い時間座り続けたりしながら、一日中過ごしていました。

母親であるにもかかわらず、気付いてやれなかったことが、本当に申し訳なく、悔やんでも悔やみきれません。そんな息子の心の傷も理解できず、私たち夫婦は無理やり学校に行かそうとしたのです。

そののち、息子は不登校の子供たちの行く学校へ行きました。毎日休まず登校し、団体生活に慣れるために屋久島の学校に半年に一回、一週間くらいの生活の場も与えられ、そのような環境の中で、息子はみるみる明るくなっていきました。

私は書写をやり続ける中で、主人や息子に無関心だった自分の心が見えてきました。一文字一文字書くごとに、本当に申し訳ない妻であり、母親だったと気付かされ、涙なくしてはできませんでした。

やがて書写を夫婦二人でやりたいと思い、主人に何回かお願いすると、一緒にやってくれるようになりました。二人でやる書写は、嬉しくて喜びも二倍になりました。書写をやった後は、いつも二人でハグします。私にとって幸福を感じる瞬間です。

書写をするまでは、自己中心的な私でした。恥ずかしいのですが、主人に謝ったことは一度もありませんでした。しかし、書写をやり続けることにより、文鮮明先生のみ言葉が心に刻まれて、主人の全てに愛おしさを感じるようになりました。

朝起きてすぐに、「お父さん、おはよう！」とハグします。仕事から帰った時も「お父さん、お帰りなさい！」とすぐハグします。いつでも何回でもハグします。不思議ですが、主人が愛おしくて自然にハグしたくなるのです。

たまに忘れかけた時には、主人から「何か忘れていないか？」とハグを催促されるようになりました。そんな時には、主人からハグしてくれます。本当に幸福を実感します。主人と心が一つになれたような気がします。

今では、息子も一緒に家族3人で書写しています。不登校だった息子が、現在では目標を持って頑張っています。主人はそんな息子の姿を見て、本当に喜んでいます。私は喜んでいる主人を見て、嬉しくてならないのです。

そして、喜んでいる私を見て息子は「お母さん、笑顔ができるようになったね。何か吹っ切れたものがあるの?」と優しく声をかけてくれ、気遣ってくれるのです。

書写をすることによって、家族の絆が強くなりました。

33 別居寸前の夫婦がハグするようになる（東京都Mさん）

◎幸せになるために頑張る勇気を与えられた

私は20歳で恋愛結婚をしました。一緒に生活してみると夫は命令ばかりで、私の話など少しも聞いてくれません。「お前は世間知らずだ」と小言を言われ、もはや妻ではなく、家政婦のような扱いでした。

後悔してももう結婚してしまったので、「後の祭り」です。それでも、親に心配をかけたくないので、自分なりに一生懸命頑張りました。そんな中で長男が生まれ、4年後に次男、その翌年に長女が生まれ、夫には相変わらずいろいろ言われながらも、子供の成長だけを生きがいに生活してきました。

やがて子供たちも結婚や仕事で全員家を離れ、気が付いてみれば、私たち夫婦二人だけになっていました。私は以前にも増して、夫と一緒にいることが苦痛で苦痛で、夫の顔を見るのも嫌、口をきくのも嫌、姿を見ることさえ嫌で、本当に死にたくなりました。

どうしたらこの状態から抜け出せるのか。思い悩んだ私は、ふと同郷の友人のことを思い出し、藁《わら》にもすがる思いで相談してみました。そして、文鮮明先生ご夫妻のことを知ったのです。

文先生の『自叙伝』を読んで、自分や自分の家族のことはほとんど顧みず、世界中の人々の幸せのために生きるご夫妻の生き方に衝撃を受けました。文先生が奥様の韓鶴子総裁について、深い愛のまなざしで語っているのを読んで、「ああ、私の夫がもし自叙伝を書いたら、私のことを何行書いてくれるかしら？　一行でも褒めてくれるかしら？」と思い、文先生ご夫妻のようになれないまでも、少しでも近づきたいと思いました。

そこで、『自叙伝心の書写』を始めてみました。

最初は半信半疑だったこともあり、あまり熱心ではありませんでしたが、最近では一日一冊、40枚近くを毎日書写し続けたこともあります。そして夫と仲良くなるために、話をするのも嫌だったけど、勇気を出して「おはよう」の挨拶から始めてみました。

書写をしていると、心を鬼にすれば「おはよう」と言えるのです。会社へ送り出す時は「行ってらっしゃい」、帰宅したら「お帰りなさい」、寝る時は「お休みなさい」。今まで挨拶一つしていなかったので、最初は大変でした。

しかし、夫もまんざらでもないらしく、嬉しそうな顔をするので、書写ともども頑張ろうと続けてきました。

それまで食事は家の一階と二階で別々にしていたのですが、どうしたら一緒に食事できるだろうかと悩んだ末に「私の心が変わらないと夫との距離は縮まらないし、夫も変わらないのだ」と悟りました。

ある晩、いきなり茶碗をもって、夫が食事をしている一階に降りて行き、「今から一緒に食べようかなあ」と言って、強引に夫の隣で食事し始めました。夫はあっけにとられて見ていましたが、黙って一緒に食べてくれました。

それからは当たり前のように朝、晩一緒に食事をし、ようやく少し夫婦らしくなってきました。今では朝食を一緒に食べ、「行ってらっしゃい」の言葉とともにハグまでするので、夫は嬉しそうに出かけていきます。

書写を始めて良かったと心から思い、文鮮明先生ご夫妻に感謝しています。これは私にとって奇蹟です。自叙伝の言葉を用紙に書き写すと同時に、自分自身の心に書き写していくことは、幸せになるために頑張る勇気を私に与えてくれています。

34 息子が話せるように（愛媛県Mさん）

◎奇蹟は誰にでも起こる

平成16年に嫁いでから14年が過ぎました。長女、次女、三女を年子で授かり、1年空いて四女が、あと2週間で生まれるという時、夫がリストラとなり、そこから7年間、仕事に就けなくなってしまいました。

やむなく私は子供達を保育園に預け、保険の営業と医療事務の仕事に就いて家計を支えてきました。

夫は必死に就職活動を続けていましたが、短期のパートにしか就けず、ギリギリの生活でした。

そんな中、5人目の子供を授かりました。待望の男の子でした。順調に育っているように見えましたが、2歳半になっても言葉が出ませんでした。3歳になっても、3歳半になっても「ママ」の一言も言いません。

病院に連れていき、発達検査、聴力検査、脳波の検査を受けましたが、何の異常もありません。こちらが言うことは全部理解しているように見えました。発語を促すための療育も受けましたが、うなずいたり首を振ったりすることはできても、言葉は話してくれません。

夫は相変わらず家にいて、仕事に就けない期間が長くなればなるほど、自信と希望を失くしていきました。夫婦喧嘩が絶えなくなり、子供達にこんな姿を見せるくらいなら、別れた方がいいのではないかと考えるようになりました。

心が疲れ果て、もう限界だと思っていた時、友人から自叙伝書写を勧められ、藁をも掴《つか》むような思いで書写をするようになりました。

毎日、美しい言葉を書いていくと、心が洗われ、穏やかになっていくのを感じました。さらに書写を続けていくと、本来、妻として夫の身体を気遣い、心の支えにならなければいけなかったのに、それには気づかず、逆に夫を裁いてばかりいたことに気付かされ、悔い改めることができるようになりました。

書写を始めて3カ月が経ったころ、求職活動に疲れ果てていた夫は、職安の担当者に勧められて心療内科で受診しました。そして、検査によって発達障害であることが判明しました。

生まれつきの脳の障害だったがゆえに、誰も気付かなかったのです。おかげで、夫は苦手な求職活動から解放され、今は障害年金をもらいながら、作業所で無理のない仕事をしています。

私も発達障害のことを勉強して、夫が苦手なことは障害ゆえだったことが分かり、夫を責める気持ちは消えていきました。そして、家族みんなで支え合おうと、子供たちと話し合いました。今では、子供たち一人一人がお手伝いを率先してやってくれるようになり、私を支えてくれています。

書写を始めて9カ月が経ったころ、突然、長男が言葉を話し始めました。まるで泉の水が湧き出るように言葉が口からあふれ出し、あっという間に言葉が上達していきました。あれから1年が経ち、長男は5歳になりましたが、今では家の中で一番のおしゃべりで、思ったことはすべて口に出さないと気が済まないほどです。

おかげで我が家は、長男を中心に笑いの絶えない家庭になりました。最近、長女や次女も書写を始めたので、主人と私と長女と次女の4人で毎晩、書写をしています。

この『自叙伝に学ぶ心の書写』を通して我が家に起きた奇蹟は誰の家でも起こり得るものです。多くの方々が、この書写を通して幸せになっていくことができるように心から願っています。

35 知らない内に心が変化、92歳の母に感謝できた（福井県Mさん）

◎間違った心に気づくきっかけに

初めて書写会に参加して、いいお話を聞いたり、みんなと一緒に楽しく歌を歌ったり、また雰囲気がとっても穏やかで私はすぐに気に入ってしまいました。それで、来月もまた来たいと思うようになって、書写を始めるようになりました。

ある日から、どうしても都合がつかずに2ヵ月続けて休むことになりました。そうしたら、生活がだらしなくなって、一日がだらだらと終わってしまうということに気がつきました。それで、「ああ、書写っていうのは、一回に2～5分間のことではあるけれど、気持ちがキュッと締まって、一日の生活にリズムをつけてくれていたんだなぁ」と思いました。

私は現在、92歳の母親と同居しております。ただこの母親とは、以前から犬猿の仲といいますか、ことあるごとに対立して…。例えば、台所でも母親は、「油の瓶はここ、醤油の瓶はここ」という具合に、キチッと位置を決めているんですね。そうしてまた、フライパンとかお鍋も、洗ったらきれいに乾かして拭いて、ビニールの袋に入れてキュッと縛って片付けてしまうんです。

私は取りやすい所、使いやすい所に置きたいんです。それで、ことあるごとに対立して、イライラ、カッカして、母親に怒りや不満をぶつけてばかりいました。

92歳の割に元気な母親でしたが、2、3年前に圧迫骨折をして、少し腰が曲がってしまったんです。それでも、じっとしていることの嫌いな母は、洗濯や掃除に動き回っていました。

それで、「お母さん、よくそんなに元気に動き回れるね」と言いました。そうしたら「急にこの子は何を言い出すの？」と驚いたような表情でしたが、少し嬉しそうでもありました。

また母親は、倹約家、節約家で、洗濯も洗濯機ですると水をたくさん使うからと言って、ハンカチやソックスなど小さなものは、手でゴシゴシと洗うんです。さらにはティッシュなども、一回使っても、乾かしてまた使うんです。サランラップも2、3回は使います。

とても私には真似のできないことだなぁと思いました。それで、「お母さん、私の少ない額の年金でこうやって生活していけるのも、お母さんが節約してくれるお陰やね」と言いました。そうしたら母親は、「今頃気がついたんか？」というような顔をしましたが、少し満足そうな表情でもありました。

私は今まで、怒りや不満ばかりぶつけていた自分の口から、母親に対してこんな殊勝な、素直な言葉が出てくるとは思ってもいませんでした。自分でも本当に驚きました。これも書写を続けてきたおかげで、知らず知らずの内に自分の心が変化してきたのかなぁと思って、少し嬉しく感じました。

60数年間、私は人の意見に耳を傾けることより、自分の考えで生きてきたように思います。その中には、正しいこともあったけれど、間違っていたこともあったはずです。書写をすることによって、間違った心に気付くきっかけを作れればと思っています。

今の私の一番の目標は、母に「お母さん、私を産んでくれてありがとう」と言うことです。

36 母親の涙の悔い改めで、不登校が解消（新潟県Aさん）

◎娘の引きこもりや不登校は神様の愛のメッセージ

私の中学3年になる長女は、小学4年生から不登校になりました。なぜ、長女が学校に行かないのか全く理解できず、長女とどのように関わっていったら良いのか本当に悩みました。

親のしつけが悪かったのか？　甘やかしすぎて、わがままにさせているのか？　はたまた、先祖の因縁なのか？　全く希望が見えませんでした。

私は神様を信じているので「神様の願いを頑張れば、神様がなんとかしてくれる」と思い込んでいたのです。しかし、娘は一向に良くなりませんでした。

そんな時、知人から文鮮明先生の自叙伝書写を勧められたのです。

自叙伝書写を実践し、家庭書写会に参加するようになって、家庭の在り方を学んでいくうちに、私の考えや行動は間違っていたことに気づきました。

今まで、忙しいという理由で、母親として子供の心に寄り添ってあげていなかったことが分かったのです。妻として、母として、嫁として、女性としての私が本来あるべき姿に変われば、すべての問題が解決されることを確信しました。さらに、心の書写を継続し、繰り返し学ぶことで、「私は真の愛を中心に生きてこなかった。夫に、子供に、家族に要求と裁きの思いばかりをもっていた」と大いに反省し、涙で悔い改めました。

長女の不登校が無ければ、私はいつまでも間違った考えで生きていたと思います。娘の引きこもりや不登校は、母である私を本来あるべき姿に変えるための神様の愛のメッセージだと受け取ることができました。そして毎日、長女が修学旅行に行けるよう書写祈願して、長女と一緒に過ごし、会話する努力をしました。

すると、長女の心が少しずつ開いてきて、担任の先生や友達との関係も良くなっていきました。そしてついに、念願の修学旅行に出発することができました。当日、「まわりの目が気になる」と、不安な思いを越えて修学旅行に向かう娘の後姿に、涙が溢れてきました。

実は、食事の面でも深く反省したことがありました。姑が娘の食事を作ってくれていたので、自分は仕事に専念すればいいと思っていたのです。それは母親として間違った考えでした。このことを悟って以来、どんなに仕事が忙しくとも、娘のために朝昼晩のご飯を、真心を込めて作ってあげました。

自分が本来の母親の立ち位置に戻ったら、子供も必ず本来の状態に戻れると信じて、書写と愛の実践を続けました。するとある日、娘が「お母さん、私は不登校の生活が嫌になった。生活を変えたい」と言うではありませんか。本当に驚きました。奇蹟が起きたのです。

私は外面的に動くことばかりして、子供たちに母親として、真の愛で向き合ってあげられず、寂しい思いばかりをさせてきてしまったのです。本当に申し訳なかったと反省しています。

とはいえ、ついつい油断して、書写や愛の実践を怠ることもあります。すると、途端に娘は学校に行かなくなるのです。母である私の心の在り方次第で、娘が良くなったり、悪くなったりするようです。

これからも心を引き締めて、自叙伝書写を継続するとともに、愛の実践をして、母としても、嫁としても成長して幸福な家庭を作っていきたいと思います。

37 心を尽くして人の話を聞いてあげる（横浜市Eさん）

◎導いてくれた亡き夫に感謝

「私はこの家に嫁いできてから不幸になった」

この婦人の長男の嫁がしばしば口にする。姑は嫁の言葉に心を痛め、2年前に〝亡くなった〟夫に相談した。亡き夫は人づてに「長男夫婦に文鮮明先生自叙伝書写を勧めて欲しい」と妻に伝えた。夫婦愛は時空を超越している。妻の苦しみは、亡き夫の痛みでもあったのだ。

しかし、妻はにわかには受け入れなかった。なぜなら、長男の嫁は、幼い時から某宗教団体の信徒だったからである。姑の言う事が嫁の教団の教えに反することであれば、ことごとく反対して、時には口も利かなくなったからなのだ。

姑は、亡き夫のアドバイスを長男に伝えてみた。長男はただちに「それは絶対無理」と断言しながらも「お父さんが言う事なら、まず俺がやってみる」と自叙伝書写を始めるようになった。

最初に書写した言葉は「心を尽くして人の話を聞いてあげる」だった。

数日後、早朝にもかかわらず、嫁から姑に突然電話がかかってきた。激しい剣幕で「お母さん、私の家庭を壊そうとしているんですか。二人のことに首を挟まないでください」と。

姑は驚きながらも、「そんなつもりはまったくありません。長く信仰しているなら、あなたの教団の指導者に相談してみたらいいわね」と答えた。

嫁は電話を切ったあと、姑に言われる通り、教団指導者に相談に行った。嫁は当然反対されると思ったのだが、驚くべき言葉を教団指導者は言い放ったのである。

「昔は私たちの教団では様々な規制がありましたが、今はどんな宗教でも受け入れ、一つにならなければならない時です。あなたが勧められた言葉、『心を尽くして人の話を聞いてあげる』って素晴らしい言葉じゃないですか。あなたも是非書写したらいいですよ」

嫁はもちろんのこと、姑も、長男も絶対無理と思っていた書写を、嫁の所属する教団指導者が勧めたのである。亡き夫はすべて見通していたのである。

愛に不可能はない。それからひと月経ったある日、姑と長男夫婦がレストランで会食した。

長男夫婦は、姑が感激するほど仲睦まじかった。姑が嫁に「書写しているの？」と尋ねると、うれしそうに「お父さんとお母さんのお勧めですもの、夫婦でしていますよ」と答えた。

姑は込み上げてくる感動で胸が一杯になった。ふと、皆で窓の外を見つめると、綺麗な虹が天空にかかっている。しばらくすると、もう一つの虹が下にかかって、二重の虹になったのである。嫁は思わず感動して叫んだ。

「下の虹は、亡きお父さんですね。お父さんが感動しているのですね」

姑は喜びで涙があふれて止まらなくなった。

思わず、ここまで導いてくれた亡き夫に感謝して語り掛けた。

「あなた、ありがとう。私の心の中にある、嫁との岩盤のようなツッカエが今、無くなりました。愛するあなた、本当にありがとうございました」

文先生は語っています。

「私たちは真心を込めて聞かなければなりません。それがその人の生命を愛する道であるし、私が負った生命の負債を返す道でもあります。生命を尊く思って、敬い仰ぐことが一番大切です。嘘偽りなく心を尽くして人の話を聞いてあげるように、私自身の真実の心の内も真摯に話してあげました。」（『自叙伝』１５０〜１５１ページ）

38 書写を通じてパチンコ依存から抜け出た義妹（静岡県Sさん）

◎生まれてはじめて「愛」という言葉に関心を持つ

主人の妹は、子供の頃から日常的に親に連れられてパチンコに行っていました。そのせいかパチンコに行くのは当たり前のような感覚でいて、いつの間にかパチンコに依存するようになっていました。

嫁いで子供を二人授かっても止められず、母性が育たないまま子育てもままならず、家のお金を使い込み、更に借金までしてパチンコにつぎ込んでいました。結局それが原因で夫には離縁され、二人の子供も手放すことになり、何もかも失ってしまいました。

にもかかわらずパチンコは止められないままで、その後再婚してもパチンコに通うのは変わりませんでした。

そんな生活から抜け出せるようにと、私が自叙伝書写を勧めたのは3年ほど前です。何回かは続けていましたが、さほど変わらず、途中で止めたりしていました。

ある時、義妹は足を怪我して手術をし、働けなくなってしまいました。治療費もかさみ生活費も工面できないというので援助しましたが、しばらくして電話すると、またパチンコの最中でした。「こんな状態でまだパチンコしてるの！」と叱ると、急に、はっと我に返ったように「なぜここに来ているのか自分でもわからない。無意識で気がつくとここにいた。自分では来ようとかやりたいと思って来ていない」と言うのです。

目には見えない何かに引っ張られているようで「しっかりしなさい！　とにかく書写を本当に真剣にやってみて」とあらためて勧めました。本人も「わかった」とようやく再度取り組み始めました。「愛天愛人愛国」という言葉でした。少しすると、「愛ってなに？」と聞いてきました。「愛とか愛するって何かわからない」と言うのです。

実は、離婚して手放した二人の子供は、東日本大震災の時に福島にいたのですが、私が「子供たちはどう？　大丈夫？」と聞いても「さあ？　だってどこにいるか知らないし、どうやって探したらいいかわからない」と少しも心配している様子がなかったのです。

これではいけないと私が現地の市役所に電話して聞いたり、あれこれ手を尽くし祈ったりして、ようやく別の場所に避難して無事でいることがわかりました。それでも特別安心したようでもなく淡々として、実の子に対してもそのくらい情が乏しかったのです。

これまでの家庭環境からなのか、義妹は人を愛したり愛されたりという情の面だけでなく、普段の生活でも世間一般のルールとか常識的なことが全くわからずにいました。無知のゆえに金銭トラブルになったりもしました。そんな人間がはじめて「愛」という言葉に関心を持ったのです。それで、文先生のみ言葉集『愛天愛人愛国』の本を読んでみてと勧めました。

本を読むのは苦手な彼女でしたが、「急いで返さなくていいから」と様子を見ていました。すると「この本はすごくいいね」と言ってきました。「じゃあそのまま持ってていいよ。あげるよ」と言うと「買わせて。自分でお金を払って読みたいの」と言うのです。

今まで本を買って読むようなことはなかったのですが、生まれて初めて自分で買ったのです。借りたこの本でいいと言っていましたが、結局、新しく買って渡しました。そうして書写とみ言の訓読をしばらく続けていました。

ある日、どうしているか気になり、電話をしてみると「え？パチンコ？　ああ、そう言われれば全然行ってない。いつの間にか行かなくなった。もう全く興味もないし、前を通っても気にもならない。全然平気だよ」と言うではありませんか。あんなに大変な状態でも止められなかったパチンコと、今ではすっかり縁が切れた様子です。文鮮明先生自叙伝書写に感謝です。

39 家族の目標、予定を共有し一日を出発

（岡山県5千名大会※1に参加した高校1年生）

◎書写を通じ家庭と社会の平和につなげたい

僕は高校1年生です。僕の家族は韓国人の父と日本人の母と大学生の兄と姉の5人家族です。僕の父はとても変わっていて、笑いのツボが一人だけ違います。なので、他の家族が会話で盛り上がり笑っていても、一人だけ真顔でいたりします。

一度、母が不在の時、料理を作ってくれたことがありますが、お皿にチンしたジャガイモのみが出されました。これには衝撃が走りましたが、意外においしかったです。

そんな父が、3カ月前、家族みんなで書写をしようと言い出し、毎朝6時半から家庭書写会が始まりました。僕は初めは朝起きるのが面倒くさく、布団から出ずにいました。すると、母の「書写よ～」という不気味な声が聞こえてきました。それでも僕は乗り気でなかったので、無視して寝ていました。しばらくすると、目の前に父が現れ、布団を足元から引きはがされました。それで渋々起きて参加するようになりました。

そういう状況で始まった家族の書写会は、まず初めに書写をして、その後1分ほど瞑想します。

最後に、家族一人一人の目標や予定を共有し、ハグし合ってから一日を出発します。最初は面倒くさかった書写会ですが、やっていくうちにだんだんと心がすっきりしてきて、書写する言葉を通して、今日一日頑張ろうという気力が湧いてくるようになりました。

まだ寝ぼけていることもよくありますが、一日の始まりを家族と過ごすことで、家族の温かさを感じることができています。これが僕の家庭書写会の様子です。

僕の両親は家族との時間を大切にしていて、この書写会以外にも、家族全員で夕食を食べるようにしています。僕も高校生になり、だんだんと忙しくなりつつありますが、このように家族とともに過ごす時間がとても貴重で大切なものではないかと感じ始めています。

「家和して万事成る」という文鮮明先生のみ言があります。これは家庭が平和であれば、全てのことがうまくいくという意味をもっています。僕も家庭書写会をしながらそれを本当に実感しています。

僕の周りの同級生には、家族と過ごす時間が少ない子たちもたくさんいます。そういう中で、両親がこのような時間を大切にしてくれていることはありがたいし、心の平和や家族の平和につながっているのではないかと感じています。

これからも寝ぼけていることもあるかもしれませんが、家庭書写会に参加し続けていきたいと思います。このような時間をもっと多くの人が持てたら、家庭の平和や社会の平和につながるのではないかと思います。

みなさんも家族で書写をしてみませんか？　ぜひお勧めします。

※1　岡山県5千名大会とは？
2017年6月25日、世界平和統一家庭連合岡山教区が開催した「世界平和祈願　幸せを呼ぶ自叙伝の書写2017　岡山合同天運相続5千名礼拝」

岡山市のコンベックス岡山で開催され、国会議員や地方議員も多数参加した。

40 娘が4年半の引きこもりから解放（高崎市Mさん）

◎越えられない試練はない

出口の見えないトンネルの中にいたのが嘘のような、まさに奇蹟が起きました。5年前の11月初めに、お風呂に入ると言って以来、先日の5月2日までお風呂にも入らずに脱衣所に引きこもっていた娘が4年半ぶりに出て来ることができたのです。

4年半の間、娘は親に姿も見せずに、脱衣所とリビングを行き来して過ごすという毎日でした。着替えが置いてあっても着替えずに、着の身着のままという状態。ドアの隙間から様子を覗った時、汚れきったパジャマでいる姿を見て心が痛みました。

また去年の冬、娘の足元が目に入り、靴下が破れて素足が見えた時は、娘が不憫で胸が張り裂ける思いでした。それでもドアごしでの会話だけは出来たので、食べたいものを作っておいたり、買物をしてきたりした際に、「温かい靴下に履き替えるといいよ」と一緒に置いたところ、靴下だけは履き替えてくれました。

会話の中で何度か「今月中に出るから」と、本人も出たいという意思表示はするものの、なかなか、そこから一歩が踏み出せないという繰り返し。暗闇の中で途方にくれる日々でした。

そこで紹介されたのが、文鮮明先生の自叙伝書写です。私は一条の光明を求めて、毎週土曜日には家庭書写会をしながら精誠を尽くしました。すると娘が、「大阪の石切神社の宝物館の公開が5月3日から5日なので、そこに行きたい。その為に4月中には脱衣所から出る」と言い出したのです。足掛け5年もの間、一歩も外に出なかったのですから、本当に娘はここから出られるのか、無事に家から大阪に向かえるのかと半信半疑でした。

忘れもしない5月2日、娘は脱衣所に持ち込んでいた物を整理し始めました。その日の夜は、「一旦寝るけど、いつでも起こして」と娘に伝えて就寝しました。

そして5月3日の午前2時過ぎ、娘から声がかかりました。

「片付けたからお風呂の掃除をして」と。

私は眠いなどと言っておられず、４年半ぶりに脱衣所に入ることができました。

洗面台は水垢で真っ黒でしたので、そこから磨きはじめ、たまったほこりを掃除していくうち朝を迎え、ようやく8時頃、娘に「風呂に入れるようになったよ」と伝えられました。それから娘は1時間ほどお風呂に入り、「もういいよ」と声が聞こえました。「いいの？」と、おそるおそるドアを開けると、娘は私を笑顔で迎えてくれたのです。

4年半ぶりに娘と対面出来た喜びは、例えようがありません。嬉しくて嬉しくて仕方ありませんでした。まさに奇蹟です。神様が導いてくださったとしか言えません。

準備しておいた服に着替えて、長い髪は自分で切り、着ていた服はごみ箱に入れ、その日は大阪に出かける為の買い物に行くことが出来ました。

翌日、本当に大阪まで行けるのかという不安がまたよぎりましたが、娘は着る服も自分で選び、まったく普通の人と同様、今まで何事もなかったかのように出かけて、主人とも普通に話をしました。

今回のことを通して、カチカチに固まっていた自分の心が溶けていくようで、特に主人に対してそのことを感じました。娘の希望で、奈良、京都まで足を延ばして帰って来ました。帰ってからも脱衣所ではなく、ちゃんとベッドの上で休めるようになりました。

なお、後になって気がつきましたが、5月3日は亡くなった私の母の誕生日でした。

どんなに困難でも、越えられない試練はないし、どんな家庭問題も家庭書写会で奇蹟は起こると実感することができました。ありがとうございました。

41 見返りを求めない愛、与えても忘れる愛体験（東京都Yさん）

◎暴言吐く老人を愛せた看護師の私

私は看護師をしていますが、あるおじいさんとの出会いをきっかけに、真剣に文鮮明先生自叙伝書写をするようになりました。

そのおじいさんは98歳で目が見えません。そのため、他の人よりも多くの介助が必要でした。トイレ介助は、ベッドからトイレへの往復で約1時間かかります。でも、仕事だからと思って、全然苦ではありませんでした。一番の苦は、その人の暴言でした。

「遅い！　呼んだら早く来いよ。何が看護師だよ。名前だけだろ。靴脱がせろよ。こんなこともできなくてよく看護師がつとまるな！」

それを毎日のように言われ、「何で私がこの人にここまで言われなければいけないのか」と憤って悲しくなりました。

ある日、その憤りと悲しさのまま休憩所に入り、八つ当たりして自分のバッグを投げつけました。するとバッグの中から見えたのが書写用紙でした。

そこで、心を落ち着かせるために、書写を何枚も何枚もゆっくりと深呼吸して書きました。そのときの言葉は「真の愛は愛を与え、与えたことさえ忘れる愛」でした。

私は心の中で「自分は精一杯、おじいさんに愛を与えています。何がいけないんですか。神様は私に何を望みますか。伝えたいことは何ですか」と祈りながら書写をしました。

最初は書いていても気持ちが落ち着きませんでしたが、書いているうちに、「私はおじいさんに優しくしているし、愛している。だから、感謝されて当然だ」と思い込んでいたことに気付きました。そしてそれは、真の愛ではないことに気付いたのです。

それからは、用紙の余白におじいさんの良いところを書くようにしました。

「今日は靴を投げなかった」「『おい』から『お前』になった」

すると自分の気持ちが日々落ち着いてきて、自分の本当の家族のように接することができたのです。

それからだんだん私に対して、「おい」とか「お前」からあだ名で呼んでくれるようになりました。家族のように接していたので、見返りを求めていないことに気付き、「もっとこの人に出来ることはないか」と思っている自分に感動しました。

老人ホームを辞めるとき、そのおじいさんに挨拶すると、「そうか、今までありがとう」と言われ、以前あった憤りと悲しさが全て洗い流されていったのです。

書写の言葉を通して、見返りを求めない愛、与えても忘れる愛を体験しました。自分の気持ちが変わると、仕事の見方、考え方が変わり、事務的に作業していた看護師の仕事も、相手に合わせて接することができるようになりました。

今では人間関係、日々の生活、様々なところで良い方向に導かれていくことを感じています。ありがとうございました。

42 21年ぶりに夫婦で会話（高崎市Hさん）

◎いつも自分勝手に判断、主人の心無視

私の家族は、主人の両親、私たち夫婦、そして3人の子供の7人家族です。結婚してすぐに舅は半身不随になり、介護が必要になりました。また、介護に疲れた姑も入院することが多くなり、舅姑の介護と、3人の幼い子供達の育児で忙しい毎日を送っていました。

主人は私の体を心配して、サラリーマンをやめて自営業に転じ、介護や子育てを助けてくれることになりました。主人はそのようにとても優しい人でしたので、私はいつも甘えていました。

「主人は私の言うことは何でも聞いてくれる。最後は私の言う通りにしてくれる」と主人がどれほど我慢していたかを知らずに、自分勝手に生きていました。

そんな自分の生き方が、いつまでも通るはずもなく、主人は私の自分勝手な行動に、あるときから無言の抵抗をし始めました。

主人はあることをきっかけに、どんなに話しかけても返事をしてくれなくなったのです。きっとその事自体が問題ではなくて、日ごろの積み重ねが問題だったと思います。

主人はその日以来、私を無視し始め、地獄の日々が始まりました。主人は私以外の家族には普通に会話するのですが、私には話すこともせず、聞くこともしないのです。いろんなことを試みましたが主人は変わりませんでした。

毎日、毎日悩みました。一体、何が主人をこうしてしまったのだろうか？　自分の何が悪かったのだろうか？　考えても、考えてもそのときの自分は何も悟れませんでした。

そのまま時が流れ、1年、2年、数年が経ち、舅、姑も亡くなりました。私はパートをしていましたが、体調を崩し、辞めざるを得なくなりました。そして、会話がないまま21年もの歳月が流れました。

そんな中、地獄の生活のさなかに、文鮮明先生の『自叙伝』の言葉を書写する自叙伝書写を紹介されました。そして、紹介者や有志の方々と家庭書写会を行うようになりました。

書写会を行いながら、皆さんの話を聞く中で、女性の役割が重要なのだということを教えていただきました。

振り返れば、いつも私は自分のことばかり考えていました。舅姑が亡くなってからも沈黙がイヤで、いつも勝手にしゃべっていました。もしかしたら、主人は静かに過ごしたいと思っていたのかもしれません。

いつも自分勝手に判断して、主人の心を無視して生きてきたことを心から反省して、主人に対して「ごめんなさい」と心から謝りました。すると硬かった主人の顔が少しずつ綻び、なんと笑顔になりました。

そしてついに21年ぶりに心を開いて、私に語りかけてくれたのです。嬉しかったです。涙が出ました。

私にとって、長い長い21年でした。こんな日が来るとは夢にも思っていませんでした。これも自叙伝書写に出会えたお陰です。

これからも幸せな家庭を築けるように頑張って生きたいと思います。

第三章

感動偉人伝

～受け継ぐべきもの

43

二つの祖国に生きた女性

李方子《りまさこ》（1901〜1989）

李方子は梨本守正（1942年当時元帥）と鍋島直大公爵の次女、伊都子《いつこ》の娘として1901年に生まれた。方子は15歳の時、何気なく新聞を見て驚いた。

大見出しで「李王世子の御慶事、梨本宮方子女王と御婚約」とあり、朝鮮李王朝最後の皇帝となる純宗《スンジュン》の異母弟、皇太子の李垠《イウン》と並んで自分の写真が掲載されていたからである。

その後、父から正式に婚約を告げられたが、一言の相談もなかったことに不満を述べることなく受け入れる。1920年4月に結婚した方子は、ハングルを学習して、夫が家に帰って来るとき、チマチョゴリ（朝鮮の民族衣装）を着て出迎えた。

だが、そこから苦難の人生を歩んでいくことになる。太平洋戦争と日本の敗戦、朝鮮半島の解放と分断といった激動の時代に突入したためだ。戦後、臣籍降下によって皇族としての身分を失い、在日朝鮮人として登録される。1958年、夫が脳溢血で倒れ、歩行困難になってしまった。

1963年、悲願の韓国帰国が叶ったとき、夫は意識不明の状態で空港から病院に直行。しかし、

7年後に死去する。

韓国籍をとり韓国国民となった方子と生前中の夫が話し合っていたことがある。障害を背負った韓国の子供たちを支援する福祉事業を行うことだ。

方子は、障害者訓練施設経営に乗り出すが、寄付が思うように集まらない。そのため、趣味の七宝焼きを売却したり、書や絵を描いて販売。日本と韓国を往来して資金調達し、62歳から87歳まで韓国福祉事業のために献身的努力をした。

その間、癌を患い2度手術し、盲腸炎の手術もした。しかし、それらの病気は、韓国福祉への情熱を遮ることはなかった。ハワイ、ヨーロッパ、アメリカへも出かけて行った。

方子は語っている。

「これからの残りの人生を、韓国の社会が少しでも明るく、不幸な人が一人でも多く救われることを祈りつつ、一韓国人として悔いなく生きてゆきたいと願っております。」(自伝『長すぎた歳月』あとがきより)

1989年4月30日、李王朝最後の皇太子妃方子は静かに息を引き取った。

その葬儀は準国葬として、李王朝の礼式に沿って挙行された。天皇皇后両陛下からの弔花、三笠宮殿下、同百合子妃殿下らが参席され、棺は夫の隣に埋葬された。

「日韓の架け橋として生涯を過ごした彼女の言葉通り、漆塗りの棺が御陵に降ろされた。すると、それまでこらえていた天から突然泣き出したかのような雷鳴がとどろき、激しい雨が降り出した。

篠つく雨の中で棺に土がかけられ、御陵が元通りの姿を取り戻すと、雨はぴたりと止んだ。」（四條たか子著『世界が愛した日本～海を越えた永遠の友情秘話』竹書房文庫、197ページ）

韓国政府は韓国国民勲章、槿《ムクゲ》賞を追贈した。新聞はこう報じた。

「自らの不幸な人生を社会活動への献身で美しい人生に変えた。」（同、224ページ）

文鮮明師は、李方子女史についてこう述べています。

「李垠親王の夫人になった方子女史がいますが、その女性は日本から韓国に嫁に来ました。何のために来たのでしょうか。韓国の男性を愛するために来たのですか。国のために来たのです。そのような人は歴史に残るのです。韓日合邦以降、ある関係を結ぶために政策的な結婚をしたのです。その女性は日本の全女性を代表した一つの祭物として、その国の歴史に残るでしょう。」（世界基督教統一神霊協会『祝福家庭と理想天国1』494ページ）

44 誰かのために生きてこそ価値ある人生

肥沼信次《こえぬまのぶつぐ》（1908〜1946）

1945年、ポーランドとの国境の町、ドイツ・ヴリーツェン。市街が空襲で廃墟と化し下水道は破壊され、道路は陥没。住居なく、食糧なく、衛生環境は最悪の死の街。発症すれば15日間で死にいたる伝染病、発疹チフスが猛威をふるう。死者が続出、餓死者が道路に横たわる。病院、薬局は消滅。薬剤もない、消毒液もない、ガーゼさえない。あるものは悪臭、うめき、死体の山だけである。

地獄のような惨状の町でただひとり、献身的に診療をほどこす日本人医師がいた。肥沼信次。彼は自らの感染を恐れず、患者を励まし身を賭して治療にあたった。不眠不休。睡眠時間わずか2時間。薬剤調達のため、汽車で2時間、徒歩と馬車で2日間かけて奔走した。難民救済所にも毎日往診に行った。そこには、栄養失調で骨と皮だけの枯れ枝のような病人達が生死をさまよっていた。

同行した看護師の証言。

「身の危険を全くかえりみず、肥沼先生の無私無欲な行いを目の当たりにして、私は気の遠くなるような感動にうたれました。ドアのところで立ちすくんでしまった自分を恥ずかしく思いました」

「私は、自分が感染するのではと心配していました。でも肥沼先生は、何も恐れず、どんな患者を診てもやさしく、そして励ましの言葉をかけていました」

肥沼は、はるか遠くの村まで泥だらけの悪路を馬車で往診に行った。初めて医者に診療してもらい涙で感謝する患者に、決して治療費のことは口にしなかった。彼がつぶやいた言葉は「命が救われてよかったね」だけだった。

肥沼信次は、1908年、東京・八王子で生まれた。小学生のときから数学を好み、アインシュタインとキュリー夫人を尊敬した。医学の国、ドイツに憧れ、東京帝大医学部を経て、ドイツに留学。1937年、29歳。横浜港から出航したとき、母や弟が見送りにきたが、それが最期の別れとなった。ベルリン大学（現フンボルト大学）で東洋人初の正式教授となる。当時、ドイツではヒトラー率いるナチス党が台頭。医師たちにもヒトラーへの忠誠を強制したが、それを拒否。1945年、ドイツ戦況悪化で、日本大使館はドイツ在住の日本人に国外退去を指示。だが肥沼はドイツに留まることを決意し、ヴリーツェンで伝染病に立ち向かうことになった。

医師1人、看護師7人だけ。そのうち5人も病死する。獅子奮迅、献身的に人々を救っているとき、悪寒がはしり、発熱して倒れる。彼も発疹チフスに罹《かか》ったのである。看護師が治療薬の投与や注射をしようとしたが、彼はそれを拒否した。

「早く患者さんのところに戻りなさい。貴重な薬は他の患者に使って欲しい」

１９４６年、３月８日、「桜が見たい」とつぶやき、その37年の生涯を閉じた。粗末な棺、冷たい小雨のなか、市民たちが墓地に埋葬した。以後、東ドイツはソ連の衛星国家となり、秘密警察の監視のもと、彼の名前は公表されることはなかった。しかしヴリーツェン市民は自分の命と引き換えに救ってくれた恩人の名前を忘れることはなかった。

１９８９年、ベルリンの壁崩壊。新生ドイツで、ヴリーツェン市は肥沼信次を名誉市民とした。市役所入り口には記念プレートが掲げられている。

「肥沼信次はこの建物で自ら悪疫に感染し、倒れるまで、多くの患者の命を救った」

肥沼信次が尊敬したアインシュタインの言葉がある。この言葉こそ、彼の生涯を導いたに違いない。

「誰かのために生きてこそ人生に価値がある」

45

医学を志す人は大勢いるが、孤児を養うのは私一人

「児童福祉の父」石井十次《じゅうじ》（1865～1914）（前編）

「立派な帯、お母さんありがとう」

7歳の十次は、母が真心こめて作った紡ぎ帯をしめて秋祭りに出かけた。神社の境内で、友達の松ちゃんがいじめられているのに出会う。家が貧乏で、ぼろの浴衣に縄の帯をしていたからだ。十次少年はいじめをやめさせ、自分の帯と縄の帯を交換した。

家に帰ると、母は「それは、よいことをしてあげましたね。これからも困った人や弱い人に出会ったとき、今の気持ちを忘れないようにね」と言ってほめた。母の優しい愛の心が、日本で最初の孤児院をつくり、児童福祉の父と呼ばれる石井十次の生涯の種となったのである。

1865年、宮崎県で生まれ、医者を目指した十次は、医学を学ぶため岡山に行く。ある村の太子堂という祠《ほこら》のなかで、飢えた二人の子供を見つけ、自分の握り飯を与えた。子供たちはうれしそうに食べた。

翌日、母親が二人の子供を連れてお礼に来た。そして彼女はいきなり地に頭をつけてこう頼んだ。

「とても二人の子供を育てられません。７歳の男の子を預かってください」

このとき十次22歳、結婚して妻がいた。貧しい家庭であった。

「わかりました。これもまた神さまの思し召しです」と言って引き受けた。十次は神とイエスキリストの愛を実践しようとしたのだ。それ以後、次々と物乞いをする孤児たちを養っていった。孤児たちを養うために、三友寺の境内を借りて「岡山孤児院」を創設する。

「医学を志す人は大勢いるが、孤児を養うのは私一人、それが天命」と悟り、医学の道を断念して孤児救済に専念するようになる。孤児院といっても掘っ立て小屋で、わら屋根。北風が吹きぬけ、雨漏りがする悲惨な環境。

食事もまともにできなくて夫婦は粥でしのぎ、それも時には抜いた。自分の服は質に出し、せんべい布団を腰にまいた。妻は骨と皮で震える子供たちを抱いて体温で暖めた。孤児は60人を超えていた。貧しさと飢えのために、隠れて泥棒する子供がいた。「お宅は泥棒を教育しているのか。こいつは毎日おれの家の柿を盗んでるぞ」と怒鳴られる。

十次は怒って、その子供を「根性をたたきなおしてやる」と竹棒で頭をたたきつけようとした。もともと感情が激しい人だった。その瞬間、妻が男の子をかばって子供に抱きつき、竹棒は妻の額を打って血が流れた。

「この子の悪癖が直らないのは私がいたらないからです。打つなら私を打ってください」

妻は孤児院のお母さんと慕われ、十次は妻を「院の大柱」と尊敬していた。

1891年、名古屋地方に大地震が起こり、震災孤児があふれた。収容が限界状況にあった孤児院で、十次はこれ以上の孤児救済を葛藤する。そのときである。孤児たちが「これを使ってください」と数百円を捧げたのである。

十次は孤児の自立のために、裁縫、マッチの箱張りなどの仕事を教えて、将来のお金を得させていたのだ。そのすべてを名古屋の震災孤児のために差し出したのである。十次は号泣して、救済を決意する。

「子供たちは確実に成長している。神さま感謝します」

名古屋震災孤児93名を岡山に引き取り、孤児たちはついに200名を超えた。

46 人は同胞なれば、相信じ相愛すべき

「児童福祉の父」石井十次（後編）

「いと、小さきわれらの力といえども、もし一方に一定せる信念となりたる時は、山を海と開くも、地獄を天国と作り変えるも、はなはだ容易なり」

「信じて疑うことなかれ、祈りてうむことなかれ。為せよ、屈するなかれ。時重なれば、その事必ず成らん」

１８９９年7月夕刻、石井十次は、集まった倉敷の人々に、孤児救済の寄付金を求めて講演をしていた。聴衆は魂を打たれ感動して涙した。その中に19歳の青年がいた。生きる希望を失い、荒んだ心で人生の方向性を悩んでいた大原孫三郎である。

倉敷紡績社長の息子で、のちに大実業家となり、社会福祉、文化事業などを手がけることになるが、そのすべては、この日の石井十次との出会いから始まった。

増えつづける孤児救済運動には、絶えず経済問題が十次を悩ませていた。やがて１２００名に膨れ上がる孤児達を養うのに、一人ひと月5万として毎月６０００万かかるのである。だが、十次は

常に神に祈った。神様の回答が大原孫三郎という篤志家だった。

「東洋救世軍を結成して、日本以外からも孤児３万人を救いたい」

十次は壮大な夢と希望を熱く語った。

「石井先生はなぜ孤児救済をされるのですか」との大原の問いに、

「人間には誰しも神さまから与えられたつとめがあります。私の役目は不幸な子供たちを救うことです」と答えた。以後、大原は献身的に支援する。

「千人の軽薄なる友を得しよりは十人の真友を得るを喜ぶ」

「君と僕は炭素と酸素、あえばいつでも焔《ほのお》となる」

大原は十次の「真友」となったのだ。

大原は社長となって莫大な資産を継承したとき、「私がこの資産を与えられたのは私のためではない。世界のためである。私はその金を持って神のみ心により働くものである」と語っている。

１９０５年、東北地方は幕末、天保以来の大飢饉にみまわれた。救済のために、千人の孤児を岡山に引き取らなくてはならない。しかし環境と経済が限界を超えている。十次は葛藤した。

ある日、夢を見た。イエス・キリストが大きな籠を背負い、その中に大勢の子供たちがいて、十次が籠の中に孤児たちを入れていたのである。

「孤児を背負っているのは私ではなくイエス様だったのだ。孤児院が狭くて戸惑っていたが、私はイエス様の手伝いをすればよいのだ」

こうして孤児は１２００名になった。

やがて十次は、宮崎県茶臼原の広大な土地に孤児院を移し、彼の教育理念であった自然との共生自立の環境を作る。孤児たちが開墾した20ヘクタールの土地に桑の苗30万本、池には千匹の鯉が放流された。

一大理想郷が建設される途上、１９３４年1月30日、男子孫の誕生を聞いてわずかにうなずき、十次は48年間の生涯を閉じた。日本にまだ社会福祉という言葉すらなかった時代に、のべ３千人の孤児を救い、社会福祉の道を開いたのである。十次はその不動の精神を孤児院経営の憲法として定めている。

「天は父なり、人は同胞なれば、互いに相信じ相愛すべきこと」

そして教育理念をこう語っている。

「一人の青年を立派に育てることは一国を救うことになる」

「一人の心田を開拓するは、千丁の荒野を開拓するにまさる」

（参考文献）城山三郎著『わしの眼は十年先が見える　大原孫三郎の生涯』（新潮文庫）

47 愛は行動なのよ、言葉だけではだめなの

58歳からのオードリー・ヘップバーン（1929〜1993）

１９９３年1月、マザー・テレサが「私の大切な尊敬すべき同志に24時間、寝ずの祈りを捧げましょう」と呼びかけた世界的女優がいた。永遠の妖精、と言われたオードリー・ヘップバーンである。ではなぜ、映画で世界中を魅了した彼女を、20世紀の聖女マザー・テレサが「尊敬する同志」とまで称賛したのだろう？　それは晩年、58歳から63歳で死去するまで、わずか5年間のユニセフの世界的平和活動によるものである。

デザイナーズジーンズをはいたマザー・テレサと呼ばれるほど、飢餓に苦しむ子供達のためにその間の人生をささげたのだ。

24歳、映画「ローマの休日」で華々しくデビューし、アカデミー主演女優賞に輝く。それ以来「麗しのサブリナ」、「戦争と平和」、「マイ・フェア・レディ」などで世界映画界の頂点に立ち、さらにファッション界に清楚なインパクトを与え続けた。

あらゆる栄光を手にしたオードリーは、58歳（１９８７年）になって、人生の根本的転換を迎え

ることになる。それが、世界の子供達を救う組織、ユニセフとの出会いと飢餓に苦しむエチオピア視察だった。

世界から隔絶された悲惨な現状に衝撃を受けた彼女は、天命を悟ることになる。

「自分が有名になったのが、何のためだったか、今やっとわかったからです。多くの人々にユニセフの活動を知ってもらい、世界中の子どもたちを救うためだったのです。」（山口路子著『オードリー・ヘップバーンという生き方』新人物文庫、１６９ページ）

「二十五万人の子が毎週のように、先週も死に、来週も死んでゆくというのに、誰一人としてそのことについて本気で語ろうとはしません。それは私たちの時代の最大の恥であり悲劇です。わたしたちは、この状態にピリオドを打たなくてはなりません。」（同、１７２ページ）

「子どもを救うことは祝福です。百万人の子どもたちを救うことは神から与えられたチャンスなのです。」（同、１７４ページ）

「わたしは自分自身に問いかけます。あなたに何ができるか？　あの国へ行って何をするのか？　はっきりとは言えないけれど、誰にでもできる何かがあるはずです。千人の人の世話ができないことは事実です。けれど一人でも救うことができるなら、私は喜んでそうします。」（同、１９４ページ）

「あなたは自分の時間を犠牲にしているのではありませんか」と問われて、彼女は答える。

「犠牲というのは、したくないことのためにしたいことを諦める、ということでしょう。これは犠牲ではないのです。わたしが授かった贈り物です。」（同、１７６ページ）

1992年、63歳。内乱、貧困、飢餓、悲惨な環境のソマリアに赴き、世界中に支援を呼びかけていたとき、腹部に痛みを感じて検査を受ける。大腸がん末期。助かる見込みはなかった。カルカッタにいたマザー・テレサが「24時間、寝ずの祈りを捧げよう」と呼びかけたのはこの時である。

翌年1月、息子からの「何か後悔していることがある?」の問いに、「なぜ、こんなに…子供たちが苦しんでいるのか…わからない」とつぶやき、「地球上で一番神に近いところにいる人」に会えなかったこと、と最後の言葉を語って静かに息を引き取った。

ファッション界をリードした世界的大女優のクローゼットには、わずか10着のドレスしか残っていなかったという。すべてチャリティーに出したからである。オードリーが息子に語った言葉がある。

「愛は心の奥底にある感情、生命力の最も大切なものなのです。」(同、214ページ)

「愛は行動なのよ。言葉だけではだめなの。」(同、211ページ)